JN437070

한국어능력시험(TOPIK)Ⅱ 유형에 맞춘 문제풀이형 읽기 독해집

술술 풀리는

한국어 읽기

중·고급

하채현 | 김지우 공저

도서출판 두남

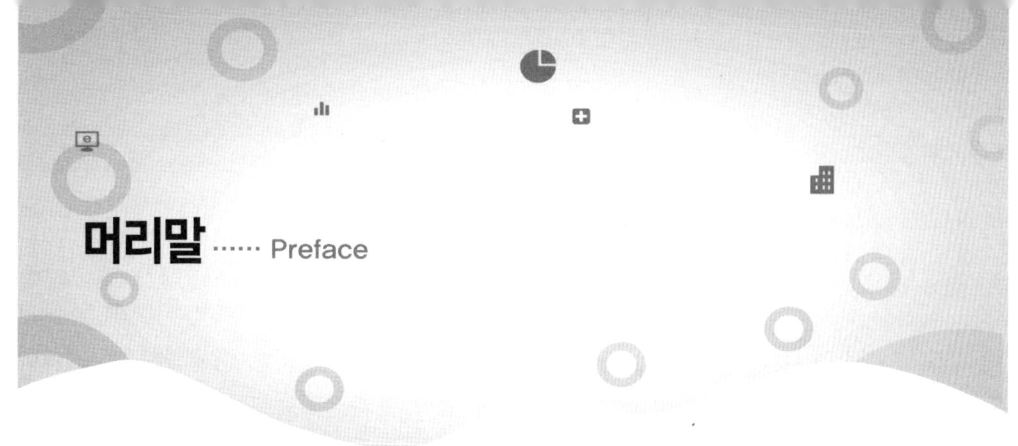

머리말 …… Preface

이 책은 다양한 목적의 한국어 학습자를 위한 읽기 수험서입니다. 한국어 학습자의 읽기 능력 향상과 읽기 시험 고득점을 위한 교재입니다. 이 책은 읽기에서 가장 중요한 전략을 중심 내용 파악하기와 주제문 찾기라고 봅니다. 따라서 지문에서 핵심 내용을 파악하고, 주제문 찾기를 훈련할 수 있도록 만들었습니다.

이 책은 토픽에서 다루어진 고빈도 주제를 다루었습니다. 이 책을 공부하면 토픽 읽기에서 고득점을 얻을 수 있습니다. 그러나 만일 토픽(TOPIK 한국어능력시험) 읽기 고득점만을 목표로 한다면 이 책은 별로 도움이 되지 않습니다. 토픽 고득점만을 원하는 사람을 위한 책이 서점에 많이 나와 있습니다. 그런 책들은 토픽 읽기 문제 유형별로 제작되어서 단 기간에 토픽에서 높은 점수를 얻게 해 줄 것입니다. 물론 이 책의 문항은 대부분 토픽 문항과 같으며, 부록으로 실전문제(토픽 읽기Ⅱ)를 포함하였습니다. 하지만 이 책은 보다 기본적인 읽기 능력인 인지력, 사고력, 독해력을 기르기 위한 책입니다.

또한 하나의 주제에 대하여 깊이 있는 읽기를 원하는 사람이라면 이 책은 적합하지 않습니다. 그와 같은 책도 서점에 다양하게 출판되어 있습니다. 한국 경제, 한국 문화, 한국 생활 등 하나의 주제를 깊이 있게 다룬 책들을 서점에서 얼마든지 만날 수 있습니다. 그러나 이 책은 하나의 주제에 국한되지 않습니다. 무려 14개 분야의 다양한 주제를 다루고 있습니다. 14개의 분야는 한국어 중급과 고급 학습자에게 반드시 필요한 주제들입니다.

다시 말해서 이 책은 '읽기'에 관한 기본에 충실한 책입니다. 읽기 기본 능력을 향상시키고 싶은 분, 그리고 읽기에 관한 다양한 주제를 학습하고 싶은 분에게 이 책을 권장하고 싶습니다. 이 책을 공부한 사람은 읽기 능력을 향상시킬 수 있으며 토픽이나 다른 읽기 시험에서 좋은 성과를 거둘 수 있습니다.

이 책을 내는 데 도움을 주신 분들이 많습니다. 우선 좋은 지문을 싣도록 허락해 주신 여러 저자분들과 관련 출판사분들께 감사드립니다. 그리고 새로운 기획인 이 책의 출판을 흔쾌히 허락해 주신 두남 출판의 전두표 대표님과 이승구 부장님께 진심으로 감사드립니다. 편집에 애써 주신 조성희 선생님과 이하나 선생님, 귀한 시서화를 표지에 쓰도록 허락해 주신 구중서 선생님, 삽화를 제공해 주신 방용혁 선생님께 마음을 다해 감사드립니다. 우리는 앞으로 기본에 충실한 읽기 교재를 다양한 기획으로 출간하기를 희망합니다. 이러한 우리의 희망은 이 책을 읽은 여러분들의 조언과 질책으로 이루어질 것입니다.

2014년 10월 초가을

술술 풀리는 한국어 읽기 저자

한국어능력시험(TOPIK) Ⅱ

1. 한국어능력시험(TOPIK) II 읽기 안내

시험 등급	한국어능력시험 II (3급~6급)
평가 영역	듣기(50문항), 쓰기(4문항), 읽기(50문항)
총 문항 수	104문항
문제 유형	읽기: 객관식 문항(사지선다형)
총점	300점 / 읽기 100점(1문항 당 2점)
시험 시간	총 180분(3시간) 1교시 - 듣기 60분, 쓰기 50분 2교시 - 읽기 70분
합격 기준 (종합 점수)	3급: 120점 이상 / 4급: 150점 이상 5급: 190점 이상 / 6급: 230점 이상
성적 유효 기간	성적 발표일로부터 2년

2. 한국어능력시험(TOPIK) II 읽기 문제 유형

- 주제 추론하기
- 세부내용 파악하기
- 세부내용 추론하기
- 핵심내용, 세부내용 파악하기
- 어휘나 표현의 의미 파악하기
- 기사의 제목을 보고 제목의 세부내용 파악하기
- 안내문, 도표 등 정보 전달의 글을 읽고 세부내용 파악하기
- 광고, 안내문 등 실용적인 글을 읽고 글의 핵심내용 파악하기
- 소설을 읽고 인물의 태도/심정을 파악하고 세부내용 추론하기
- 글 단위 간의 관계 추론하기 (문장 배열하기, 들어갈 문장의 위치 찾기)

3. 한국어능력시험(TOPIK) II 관련 기타 정보

- 전화: 82-2-3668-1331 (국립국제교육원) / 인터넷 홈페이지: www.topik.go.kr

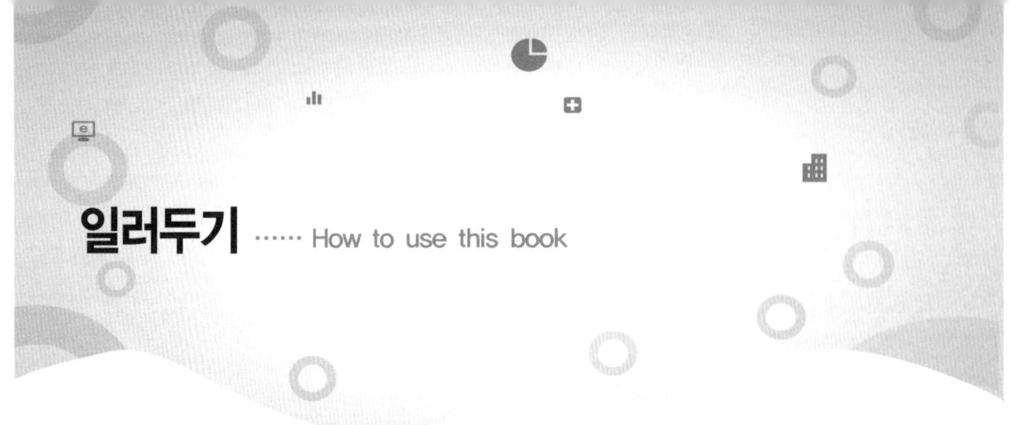

일러두기 …… How to use this book

1. 다양한 주제별 지문 학습

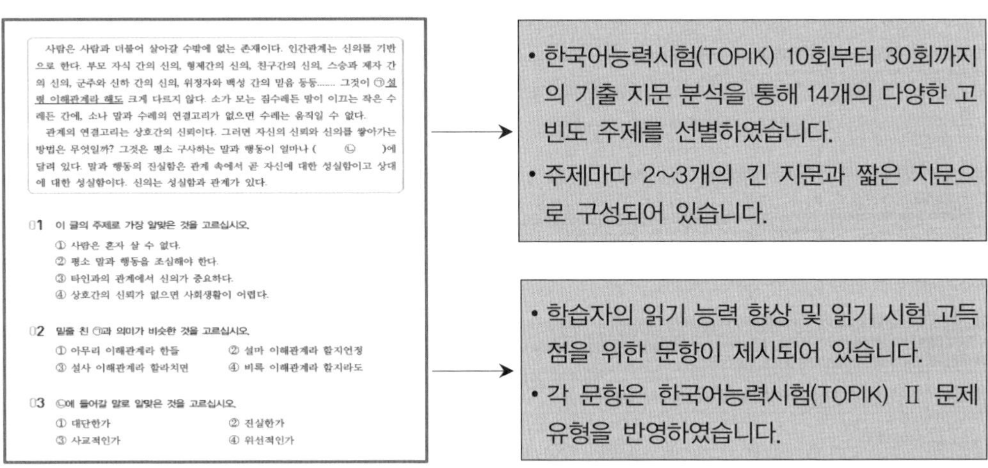

사람은 사람과 더불어 살아갈 수밖에 없는 존재이다. 인간관계는 신의를 기반으로 한다. 부모 자식 간의 신의, 형제간의 신의, 친구간의 신의, 스승과 제자 간의 신의, 군주와 신하 간의 신의, 위정자와 백성 간의 믿음 등등…… 그것이 ㉠설령 이해관계라 해도 크게 다르지 않다. 소가 모는 짐수레든 말이 이끄는 작은 수레든 간에, 소나 말과 수레의 연결고리가 없으면 수레는 움직일 수 없다.

관계의 연결고리는 상호간의 신뢰이다. 그러면 자신의 신뢰와 신의를 쌓아가는 방법은 무엇일까? 그것은 평소 구사하는 말과 행동이 얼마나 (　　㉡　　)에 달려 있다. 말과 행동의 진실함은 관계 속에서 곧 자신에 대한 성실함이고 상대에 대한 성실함이다. 신의는 성실함과 관계가 있다.

01 이 글의 주제로 가장 알맞은 것을 고르십시오.

① 사람은 혼자 살 수 없다.
② 평소 말과 행동을 조심해야 한다.
③ 타인과의 관계에서 신의가 중요하다.
④ 상호간의 신뢰가 없으면 사회생활이 어렵다.

02 밑줄 친 ㉠과 의미가 비슷한 것을 고르십시오.

① 아무리 이해관계라 한들　② 설마 이해관계라 할지언정
③ 설사 이해관계라 할라치면　④ 비록 이해관계라 할지라도

03 ㉡에 들어갈 말로 알맞은 것을 고르십시오.

① 대단한가　② 진실한가
③ 사교적인가　④ 위선적인가

- 한국어능력시험(TOPIK) 10회부터 30회까지의 기출 지문 분석을 통해 14개의 다양한 고빈도 주제를 선별하였습니다.
- 주제마다 2~3개의 긴 지문과 짧은 지문으로 구성되어 있습니다.

- 학습자의 읽기 능력 향상 및 읽기 시험 고득점을 위한 문항이 제시되어 있습니다.
- 각 문항은 한국어능력시험(TOPIK) Ⅱ 문제 유형을 반영하였습니다.

2. 어휘 학습

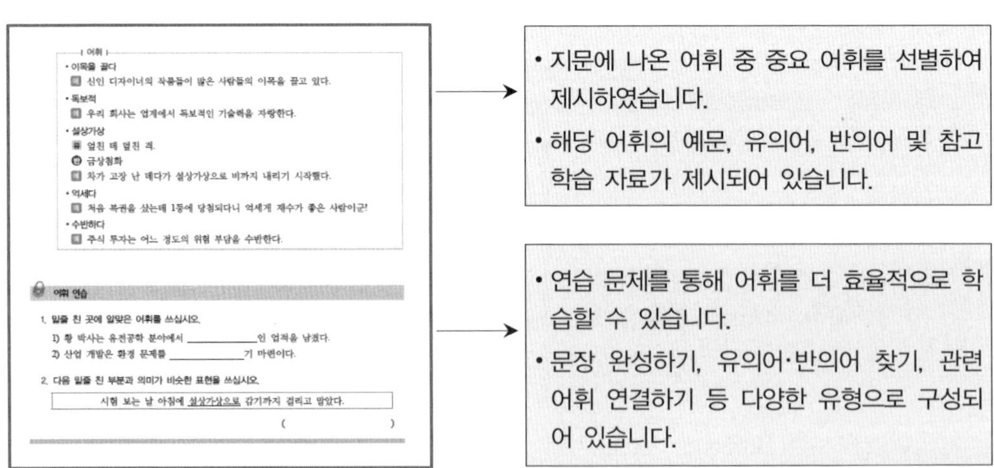

| 어휘 |

- 이목을 끌다
  예 신인 디자이너의 작품들이 많은 사람들의 이목을 끌고 있다.
- 독보적
  예 우리 회사는 업계에서 독보적인 기술력을 자랑한다.
- 설상가상
  유 엎친 데 덮친 격.
  반 금상첨화
  예 차가 고장 난 데다가 설상가상으로 비까지 내리기 시작했다.
- 억세다
  예 처음 복권을 샀는데 1등에 당첨되다니 억세게 재수가 좋은 사람이군!
- 수반하다
  예 주식 투자는 어느 정도의 위험 부담을 수반한다.

어휘 연습

1. 밑줄 친 곳에 알맞은 어휘를 쓰십시오.

1) 황 박사는 유전공학 분야에서 __________인 업적을 남겼다.
2) 산업 개발은 환경 문제를 __________기 마련이다.

2. 다음 밑줄 친 부분과 의미가 비슷한 표현을 쓰십시오.

시험 보는 날 아침에 설상가상으로 감기까지 걸리고 말았다.

(　　　　　　)

- 지문에 나온 어휘 중 중요 어휘를 선별하여 제시하였습니다.
- 해당 어휘의 예문, 유의어, 반의어 및 참고 학습 자료가 제시되어 있습니다.

- 연습 문제를 통해 어휘를 더 효율적으로 학습할 수 있습니다.
- 문장 완성하기, 유의어·반의어 찾기, 관련 어휘 연결하기 등 다양한 유형으로 구성되어 있습니다.

3. 읽기 전략 학습

3~4개의 주제가 끝날 때마다 4가지 주요 글—설명문, 논설문, 문학, 기사문—에 대한 읽기 전략을 학습합니다.

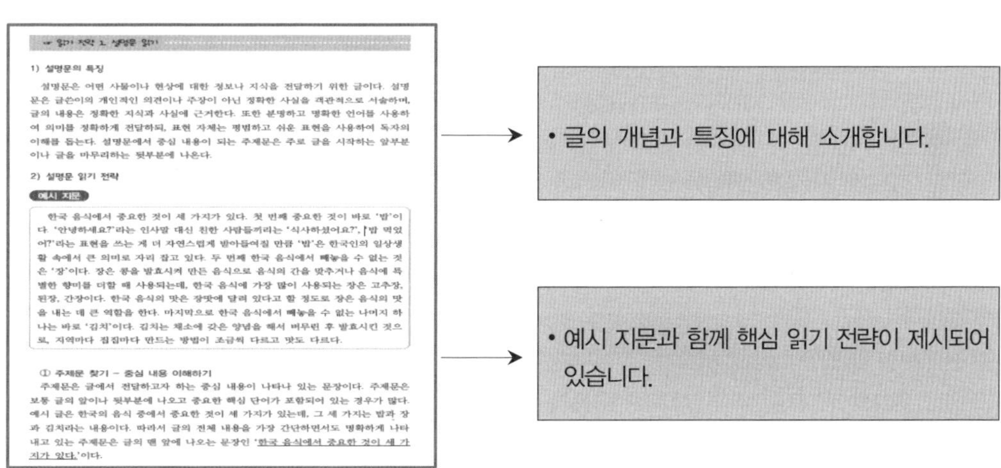

읽기 전략 1. 설명문 읽기

1) 설명문의 특징

설명문은 어떤 사물이나 현상에 대한 정보나 지식을 전달하기 위한 글이다. 설명문은 글쓴이의 개인적인 의견이나 주장이 아닌 정확한 사실을 객관적으로 서술하며, 글의 내용은 정확한 지식과 사실에 근거한다. 또한 분명하고 명확한 언어를 사용하여 의미를 정확하게 전달하되, 표현 자체는 평범하고 쉬운 표현을 사용하여 독자의 이해를 돕는다. 설명문에서 중심 내용이 되는 주제문은 주로 글을 시작하는 앞부분이나 글을 마무리하는 뒷부분에 나온다.

2) 설명문 읽기 전략

예시 지문

한국 음식에서 중요한 것이 세 가지가 있다. 첫 번째 중요한 것이 바로 '밥'이다. '안녕하세요?'라는 인사말 대신 친한 사람들끼리는 '식사하셨어요?', '밥 먹었어?'라는 표현을 쓰는 게 더 자연스럽게 받아들여질 만큼 '밥'은 한국인의 일상생활 속에서 큰 의미로 자리 잡고 있다. 두 번째 한국 음식에서 빼놓을 수 없는 것은 '장'이다. 장은 콩을 발효시켜 만든 음식으로 음식의 간을 맞추거나 음식에 특별한 향미를 더할 때 사용되는데, 한국 음식에 가장 많이 사용되는 장은 고추장, 된장, 간장이다. 한국 음식의 맛은 장맛에 달려 있다고 할 정도로 장은 음식의 맛을 내는 데 큰 역할을 한다. 마지막으로 한국 음식에서 빼놓을 수 없는 나머지 하나는 바로 '김치'이다. 김치는 채소에 갖은 양념을 해서 버무린 후 발효시킨 것으로, 지역마다 집집마다 만드는 방법이 조금씩 다르고 맛도 다르다.

① 주제문 찾기 – 중심 내용 이해하기

주제문은 글에서 전달하고자 하는 중심 내용이 나타나 있는 문장이다. 주제문은 보통 글의 앞이나 뒷부분에 나오고 중요한 핵심 단어가 포함되어 있는 경우가 많다. 예시 글은 한국의 음식 중에서 중요한 것이 세 가지가 있는데, 그 세 가지는 밥과 장과 김치라는 내용이다. 따라서 글의 전체 내용을 가장 간단하면서도 명확하게 나타내고 있는 주제문은 글의 맨 앞에 나오는 문장인 '<u>한국 음식에서 중요한 것이 세 가지가 있다.</u>'이다.

- 글의 개념과 특징에 대해 소개합니다.
- 예시 지문과 함께 핵심 읽기 전략이 제시되어 있습니다.

4. 실전문제

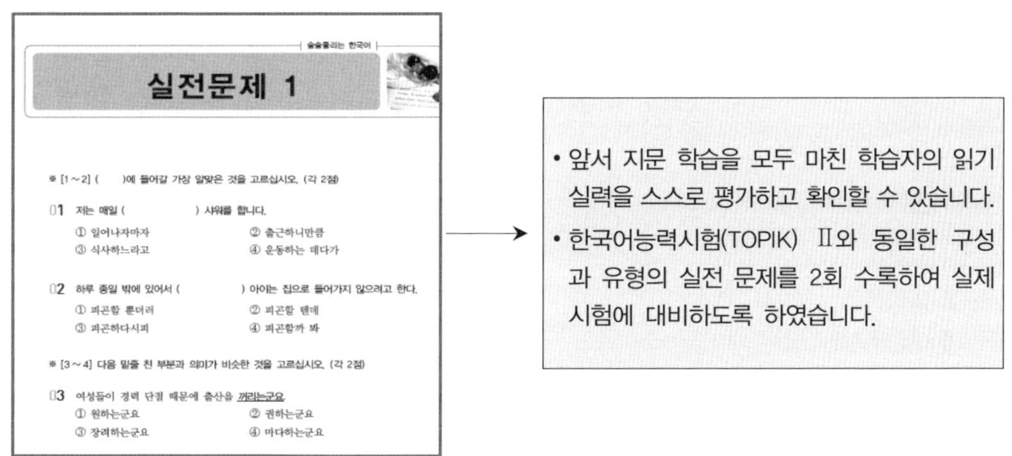

숨술풀리는 한국어

실전문제 1

※ [1~2] (　　)에 들어갈 가장 알맞은 것을 고르십시오. (각 2점)

01 저는 매일 (　　　　　) 샤워를 합니다.

① 일어나자마자　② 출근하니만큼
③ 식사하느라고　④ 운동하는 데다가

02 하루 종일 밖에 있어서 (　　　　　) 아이는 집으로 들어가지 않으려고 한다.

① 피곤할 뿐더러　② 피곤할 텐데
③ 피곤하다시피　④ 피곤할까 봐

※ [3~4] 다음 밑줄 친 부분과 의미가 비슷한 것을 고르십시오. (각 2점)

03 여성들이 경력 단절 때문에 출산을 <u>꺼리는군요.</u>

① 원하는군요　② 권하는군요
③ 장려하는군요　④ 마다하는군요

- 앞서 지문 학습을 모두 마친 학습자의 읽기 실력을 스스로 평가하고 확인할 수 있습니다.
- 한국어능력시험(TOPIK) Ⅱ와 동일한 구성과 유형의 실전 문제를 2회 수록하여 실제 시험에 대비하도록 하였습니다.

차 례 …… Contents

1. 심리

1-1 심 리

사람은 사람과 더불어 살아갈 수밖에 없는 존재이다. 인간관계는 신의를 기반으로 한다. 부모 자식 간의 신의, 형제 간의 신의, 친구 간의 신의, 스승과 제자 간의 신의, 군주와 신하 간의 신의, 위정자와 백성 간의 믿음 등등...... 그것이 설령 이해관계라 해도 크게 다르지 않다. 소가 모는 짐수레든 말이 이끄는 작은 수레든 간에, 소나 말과 수레의 연결고리가 없으면 수레는 움직일 수 없다.

관계의 연결고리는 상호간의 신뢰이다. 그러면 자신의 신뢰와 신의를 쌓아가는 방법은 무엇일까? 그것은 평소 구사하는 말과 행동이 얼마나 (　　　　　)에 달려 있다. 말과 행동의 진실함은 관계 속에서 곧 자신에 대한 성실함이고 상대에 대한 성실함이다. 신의는 성실함과 관계가 있다.

01 이 글의 주제로 가장 알맞은 것을 고르십시오.

① 사람은 혼자 살 수 없다.
② 평소 말과 행동을 조심해야 한다.
③ 타인과의 관계에서 신의가 중요하다.
④ 상호간의 신뢰가 없으면 사회생활이 어렵다.

02 밑줄 친 부분과 바꿔 쓸 수 있는 것을 고르십시오.

① 아무리 이해관계라 한들　　② 설마 이해관계라 할지언정
③ 설사 이해관계라 할라치면　　④ 비록 이해관계라 할지라도

03 (　　　　)에 들어갈 알맞은 것을 고르십시오.

① 대단한가　　② 진실한가
③ 사교적인가　　④ 위선적인가

어휘

• ~와/과 더불어

예 아버지의 건강 비결은 규칙적인 식사, 철저한 운동과 더불어 충분한 수면을 취하는 것이다.

• 신의

유 믿음, 의리

예 끝까지 신의를 지키는 친구가 진정한 친구라고 할 수 있다.

• 위정자

유 정치가

예 위정자의 역할은 오직 국민의 소리에 귀를 기울이는 것이다.

• 설령 ~다 해도

유 설사 / 설혹 / 혹시 / 혹 / 가령 / 비록 ~다 해도

예 설령 실패한다 해도 또 다른 도전을 두려워하지 않을 것이다.

• 몰다

유 운전하다

예 차를 과속으로 몰다가 결국 교통사고를 내고 말았다.

어휘 연습

1. 밑줄 친 곳에 알맞은 어휘를 쓰십시오.

   1) 정치 및 사회 환경과 ____________ 그 나라의 문화를 이해하는 것 또한 중요하다.

   2) 최선을 다했다면 ____________ 실패한다 해도 후회는 없을 것이다.

2. 밑줄 친 단어와 의미가 비슷한 것을 고르십시오.

면허증을 따고 나서 매일같이 여기저기 차를 <u>몰고</u> 다닌다.

   ① 꾸미고　　② 운전하고

   ③ 부딪치고　　④ 자랑하고

1-2 심 리

남녀는 서로 다른 눈으로 이 세상을 지각한다. (㉠) 남자는 사물과 대상을 보면서 그들의 관계를 공간적으로 해석한다. (㉡) 이러한 남녀의 차이를 지그소 퍼즐에 비유하자면, 남자는 조각 하나 하나의 공간적 위치를 따져 조각을 맞추는 것과 같다. (㉢) 반면 여자들은 퍼즐의 개별적 조각이 그 옆 조각과 맺는 관계에 더 관심이 많고 그 조각의 공간적 위치에 대해서는 소홀하다. (㉣)

남자의 의식은 결과의 획득, 목표의 성취, 지위와 권력, 경쟁에서의 승리, 효율적인 이익 달성 등에 집중되어 있다. 여자의 의식은 의사소통, 협조, 조화, 사랑, 공감, 다른 사람과의 관계 등을 더 중시한다. 이러한 대조는 너무나 현격하여 남녀가 부부가 되어 함께 살 수 있다는 것이 이상할 정도이다.

01 이 글의 주제로 가장 알맞은 것을 고르십시오.

① 남녀는 서로의 차이를 극복해야 한다.
② 남자와 여자는 세상을 보는 관점이 다르다.
③ 결혼한 후에야 비로소 차이점이 서서히 사라진다.
④ 현저한 차이에도 불구하고 남녀는 서로 조화를 이룰 수 있다.

02 다음 문장이 들어가기에 가장 알맞은 곳을 고르십시오.

보기

이에 비해 여자들은 넓은 주변 시야 덕분에 이 세상을 문자 그대로 크고 넓게 보면서 동시에 구체적 세부사항을 파악한다.

① ㉠ ② ㉡
③ ㉢ ④ ㉣

03 글쓴이가 밑줄 친 부분과 같이 말한 이유로 알맞은 것을 고르십시오.

① 남자와 여자의 의식 차이가 너무 크기 때문에
② 오래 전에는 결혼을 통해 부부가 되지 않았기 때문에
③ 남자와 여자는 원래 함께 살 수 없는 동물이기 때문에
④ 남녀가 서로 양보하거나 배려하는 것은 불가능한 일이기 때문에

04 이 글의 내용과 같은 것을 고르십시오.

① 여자는 감성적인 부분을 중시한다.
② 남자는 결과보다 과정에 더 집중한다.
③ 남녀가 함께 사는 것은 현명한 일이다.
④ 남자는 지그소 퍼즐을 여자보다 더 잘 맞춘다.

어휘

• 지각하다
유 인지하다, 인식하다
예 환경 문제의 심각성을 지각하고 대책을 마련해야 한다.

• 소홀하다
유 등한시하다
예 오랫동안 관리에 소홀해서 건물이 거의 무너질 지경이다.

• 이익
반 손해
예 주식에 투자해서 상당한 이익을 냈다.

• 중시하다
반 무시하다, 경시하다
예 이 회사는 채용할 때 학벌보다 실력과 경력을 중시한다.

• 현격하다
예 지난 몇 년 동안 출산율이 현격하게 감소했다.

어휘 연습

1. 밑줄 친 단어와 의미가 상반되는 것을 고르십시오.

평소 연습에 <u>소홀하면</u> 결코 금메달을 목에 걸지 못한다.

① 무시하면 ② 경시하면
③ 중시하면 ④ 등한시하면

2. 관계있는 어휘를 찾아 연결하십시오.

① 필요성 • • 현격하다
② 이 익 • • 지각하다
③ 차 이 • • 내다

1-3 심 리

어떻게 사람들이 설득을 통해 자신 또는 타인의 태도를 변화시킬까? 심리학자들은 설득에 의한 태도 변화와 관련된 다양한 변인들을 연구해 왔다. 심리학에서 설득과 태도 변화를 설명하는 고전적 이론들에 따르면 설득의 성공 여부는 설득자, 설득 대상의 정서, 설득 내용, 설득 방법 등에 달렸고 이러한 요인들의 작용을 통해 설득 대상의 태도 변화가 일어나거나 일어나지 않는다.

일반적으로 태도가 변화해야 설득이 가능하고 이에 따라 행동의 변화가 이루어지지만 사람들은 또한 자신의 행동에 따라 태도를 변화시키기도 한다. 즉, 자신의 행동에 설득되는 것이다. 작은 요청으로 시작해 이를 들어주면 점점 요구의 수준을 올리는 ㉠ 문간에 발 들여놓기 효과가 좋은 예라 할 수 있으며 ㉡ 작은 돈을 빌린 후 갚기를 반복하다가 나중에 큰돈을 빌려서 도망가는 사기꾼의 예는 이를 악용한 사례라 할 수 있다.

또한 사람들은 이유가 있어서 행동을 하기도 하지만 자신이 왜 그런 행동을 하는지를 알기 위해서 자신의 행동을 관찰한 후 그것을 바탕으로 행동의 이유를 찾기도 한다. 만일 이때 행동과 태도 사이에 불일치를 느끼게 되면 이러한 불일치를 해소하기 위해서 태도를 변화시킬 수 있다. (㉢) 작은 보상을 받고 지루한 실험을 계속해야 하는 경우 돈 때문이 아니라 실험이 재미있어서, 혹은 실험자를 잘 도와주고 싶은 선의로 실험에 열심히 참여했다고 생각하게 된다는 것이다.

01 이 글의 주제로 가장 알맞은 것을 고르십시오.

① 태도와 행동은 일치해야 한다.
② 설득을 잘하는 사람이 성공한다.
③ 행동에 설득 당하여 태도를 바꾸기도 한다.
④ 심리학에서 설득에 관한 다양한 연구가 이루어져 왔다.

02 밑줄 친 ㉠의 의미를 바르게 설명한 것을 고르십시오.

① 요청을 할 때는 상대방을 직접 만나야 한다.
② 부탁할 때는 외부보다 내부 공간에서 하는 것이 좋다.
③ 처음부터 요구 수준이 높아야 효과적으로 설득할 수 있다.
④ 작은 요청을 들어주기 시작하면 나중에 큰 요청도 들어주기가 쉽다.

03 밑줄 친 ㉡과 관련 있는 속담으로 알맞은 것을 고르십시오.

① 티끌 모아 태산
② 빈 수레가 요란하다.
③ 바늘 도둑이 소도둑 된다.
④ 호랑이도 제 말하면 온다.

04 ㉢에 들어갈 말로 알맞지 않은 것을 고르십시오.

① 가령
② 게다가
③ 예컨대
④ 예를 들어

05 이 글의 내용과 같은 것을 고르십시오.

① 설득으로 태도가 변화하는 원인은 다양하다.
② 모든 사람들은 행동하기 전에 반드시 이유가 있다.
③ 태도와 행동이 일치하지 않으면 행동을 변화시킨다.
④ 심리학자들은 효과적인 설득 방법을 집중적으로 연구했다.

어휘

- 설득

  예 아내의 설득으로 남편이 드디어 담배를 끊었다.
- 변인

  예 경제적 부담은 출산율에 영향을 주는 중요한 변인이다.
- 사기꾼

  예 사기꾼에게 속아 하루아침에 전 재산을 날려 버렸다.

  참고 ~꾼: 사람을 나타내는 접미사 예) 살림꾼, 심부름꾼, 소리꾼, 낚시꾼, 구경꾼, 일꾼
- 해소하다

  유 해결하다, 없애다

  예 최근 취업난을 해소하기 위한 다양한 정책이 나오고 있다.
- 선의

  예 선의로 한 말인데 마음이 상했다면 용서하기 바랍니다.

어휘 연습

1. 사람을 나타내는 접미사 '–꾼'이 포함된 단어를 아는 대로 쓰십시오.

   ( )

2. 밑줄 친 곳에 알맞은 어휘를 쓰십시오.

   1) 고집이 센 사람이라서 웬만한 ____________은/는 잘 통하지 않는다.

   2) 국가 간 갈등을 ____________기 위한 국제회의가 다음 달에 열린다.

3. ( )에 공통으로 들어갈 알맞은 어휘를 쓰십시오.

   - 때로는 ( )의 거짓말도 필요하다.
   - ( )에서 한 말이나 행동이 오해를 불러일으켜 악의로 해석되기도 한다.
   - 두 사람은 고등학생 때부터 서로 ( )의 경쟁자로서 좋은 관계를 유지하고 있다.

   ( )

2. 직업

2-1 직 업

가족과 함께 지내거나 가족을 이룰 틈도 없이 바쁘게 살아가는 현대인. 이런 현대인들에게 강아지나 고양이 같은 애완동물은 외로움을 달래 주고 마음의 위안이 되는 가족이나 다름없는 존재가 되고 있다. 애완동물을 위한 사람들의 배려와 관심이 늘어남에 따라 이와 관련된 서비스를 제공하는 다양한 분야의 이색 직업도 생겨나고 있다.

부모를 대신해서 아이를 돌봐 주는 아이 돌보미처럼, 주인이 여행이나 출장으로 애완동물을 돌볼 수 없을 때에는 (㉠)이/가 주인을 대신해서 애완동물을 보살펴 준다. 영국이나 미국 등 승마가 대중적인 인기를 얻고 있는 나라에서는 말의 치아를 특별히 관리해 주는 (㉡)이/가 있다. 인기가 많은 직업으로는 애완동물 전문 변호사를 들 수 있는데, 이들은 애완동물과 관련된 각종 사고 처리와 소송과 관련된 일을 담당한다. 예를 들어 자신이 기르는 강아지가 다른 사람을 물어서 다치게 했을 경우 이와 관련된 책임 여부나 손해 배상 등을 따져 문제를 해결한다. 애완동물 변호사는 일반 변호사와 마찬가지로 변호사 시험에 합격해서 자격을 취득해야 한다. 관련 법률에 대한 지식이 풍부하며 동물을 사랑하는 사람에게 적합한 직업이라고 할 수 있다.

01 이 글의 주제로 가장 알맞은 것을 고르십시오.

① 애완동물은 현대인들에게 중요한 존재이다.
② 애완동물과 관련된 새로운 직업이 생기고 있다.
③ 애완동물 전문 변호사가 직업으로 인기를 얻고 있다.
④ 미래에는 어느 한 분야에서 특별한 전문가가 되어야 한다.

02 의미상 밑줄 친 부분과 바꿔 쓸 수 있는 표현으로 알맞지 <u>않은</u> 것을 고르십시오.

① 늘어나면서　　② 늘어남으로써
③ 늘어나기는커녕　　④ 늘어남과 동시에

03 ㉠과 ㉡에 순서대로 들어갈 말로 알맞은 것을 고르십시오.

① 자원봉사자, 승마 회원　　② 주택 관리인, 말 외과의사
③ 동물 보호 센터, 동물 병원　　④ 애완동물 돌보미, 말 치과의사

04 이 글의 내용과 같은 것을 고르십시오.

① 가족과 함께 살고 있는 사람들이 늘고 있다.
② 애완동물에 대한 관심이 점점 감소하고 있다.
③ 애완동물 변호사가 되려면 변호사 자격증을 따야 한다.
④ 애완동물과 관련된 직업은 다른 직업보다 미래 전망이 좋다.

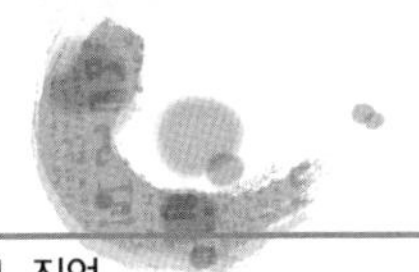

어휘

- 달래다

  예 불안한 마음을 달래려고 눈을 감고 조용한 음악을 듣기 시작했다.

- ~(으)ㅁ에 따라

  예 시간이 지남에 따라 당시 사고에 대한 아픈 기억이 희미해져 가고 있다.

- 이색

  유 색다른

  예 이 가게는 다른 곳에서 볼 수 없는 이색 상품들로 가득하다.

- 돌보미

  예 맞벌이 부부가 증가함에 따라 아이 돌보미 서비스도 확대되고 있다.

- 따지다

  예 사고의 원인을 정확히 따져 대책을 세워야 한다.

어휘 연습

1. 밑줄 친 곳에 알맞은 어휘를 쓰십시오.

   1) 고향 생각이 날 때마다 고향 음식을 먹으면서 그리움을 ____________(느)ㄴ다.

   2) 경고 카드를 내민 심판에게 ____________다가 오히려 퇴장을 당했다.

2. 밑줄 친 단어와 의미가 비슷한 것을 고르십시오.

내 결혼식은 보통 결혼식에서는 볼 수 없는 <u>이색</u> 결혼식으로 준비할 예정이다.

   ① 색다른　　② 화려한

   ③ 감동적인　　④ 흥미로운

2-2 직 업

사람들의 이목을 끄는 최고의 CEO가 알고 보면 아무것도 모르는 허수아비인 경우가 있다. 사람들은 겉으로 드러난 모습만 보고 그들이 '비즈니스의 귀재'이며 정말 똑똑한 인재라고 믿어 버린다. ㉠ <u>설상가상</u>으로 당사자들도 그렇게 착각하기 시작한다. 사실 한두 번, 아니 세 번 정도는 억세게 운이 좋을 수도 있다. 하지만 그저 운이 좋아서 성공한 것은 거품처럼 한순간에 사라지기 마련이다. 비즈니스에서 '최고의 자리'에 오를 기회나 위험을 수반하는 상황은 일단 경계해야 한다. 그런 조건에서 1등을 차지하는 사람은 운 좋은 바보임이 분명하다.

01 이 글의 주제로 가장 알맞은 것을 고르십시오.

① 높은 수익률만 믿고 투자했다가는 실패하기 십상이다.
② 비즈니스 세계에서 최고가 되려면 위험을 감수해야 한다.
③ 유명한 CEO라고 해서 모두 뛰어난 실력을 갖춘 인재는 아니다.
④ 최고경영자로서 크게 성공하려면 실력은 물론이고 운이 따라야 한다.

02 ㉠과 상반되는 의미의 사자성어를 고르십시오.

① 금의환향 ② 금상첨화
③ 십중팔구 ④ 다다익선

03 이 글에서 유명한 CEO를 비유한 표현으로 의미상 <u>다르게</u> 쓰인 것을 고르십시오.

① 거품 ② 귀재
③ 허수아비 ④ 운 좋은 바보

어휘

- 이목을 끌다
  - 예 신인 디자이너의 작품들이 많은 사람들의 이목을 끌고 있다.
- 독보적
  - 예 우리 회사는 업계에서 독보적인 기술력을 자랑한다.
- 설상가상
  - 유 엎친 데 덮친 격
  - 반 금상첨화
  - 예 차가 고장 난 데다가 설상가상으로 비까지 내리기 시작했다.
- 억세다
  - 예 처음 복권을 샀는데 1등에 당첨되다니 억세게 재수가 좋은 사람이군!
- 수반하다
  - 예 주식 투자는 어느 정도의 위험 부담을 수반한다.

어휘 연습

1. 밑줄 친 곳에 알맞은 어휘를 쓰십시오.

   1) 황 박사는 유전공학 분야에서 ____________인 업적을 남겼다.
   2) 산업 개발은 환경 문제를 ____________기 마련이다.

2. 다음 밑줄 친 부분과 의미가 비슷한 표현을 쓰십시오.

시험 보는 날 아침에 <u>설상가상으로</u> 감기까지 걸리고 말았다.

   (　　　　　　　　　　)

2-3 직 업

□ 취업 전망이 좋은 직업 BEST 20

	직 업	연봉(만 원)	전망(%)	만족도(%)
1	바이오에너지연구 및 개발자	4339	100.0	85
2	항공기 조종사	9183	97.2	86
3	선박교통 관제사	3773	96.7	73
4	심리학 연구원	3142	94.3	96
5	치과 의사	8224	93.3	64
6	태양광발전연구 및 개발자	4054	90.0	90
7	임상심리사	3157	90.0	93
8	임상연구 코디네이터	2677	90.0	83
9	관광통역 안내원	2555	90.0	78
10	사회복지사	2268	90.0	69
11	호텔관리자	5247	86.7	80
12	반도체공학 기술자	4091	86.7	80
13	향기치료사	2765	86.7	70
14	놀이치료사	2577	86.7	96
15	언어치료사	2472	86.7	68
16	음악치료사	2233	86.7	91
17	태양열연구 및 개발자	4306	85.6	91
18	컴퓨터 프로그래머	3461	84.3	94
19	투자분석가	6326	83.3	83
20	금융자산운용가	5888	83.3	77

01 이 자료의 출처가 될 만한 곳으로 알맞은 것을 고르십시오.

① 국립국어원 ② 한국관광공사

③ 교육과학기술부 ④ 한국고용정보원

02 이 표의 내용과 같은 것을 고르십시오.

① 연봉이 높으면 전망이 더 좋다.
② 만족도가 높을수록 전망도 더 높다.
③ 연봉, 전망, 만족도는 절대적인 상관관계가 없다.
④ 심리학 연구원은 연봉, 전망, 만족도가 모두 높은 편이다.

어휘

• 전망
예 올해 취업 전망이 작년에 비해 조금 나아질 것으로 예상된다.

• 연봉
예 연봉이 높을수록 더 많은 책임을 수반하는 법이다.

• 관제사
예 충돌 사고 방지는 항공 교통 관제사의 주요 임무 중 하나이다.

• 임상심리사
예 현대인의 정신적 스트레스 증가에 따라 임상심리사에 대한 수요가 확대되고 있다.

• 금융자산운용가
예 금융자산운용가는 투자가가 최대한의 수익을 올릴 수 있도록 자산 투자 전략에 대한 정보를 제공한다.

어휘 연습

1. 밑줄 친 곳에 알맞은 어휘를 쓰십시오.

1) 전문가들은 내년 판매량이 증가할 것이라는 밝은 ___________을/를 내놓고 있다.
2) 안정적이면서 고액의 ___________을/를 지급하는 회사를 선호하는 경향이 강하다.

2. 관계있는 어휘를 찾아 연결하십시오.

① 사회복지사 •	• 금융, 주식, 채권, 경제
② 투자분석가 •	• 발음, 지능, 어휘력, 실어증
③ 언어치료사 •	• 노인, 장애인, 봉사정신, 공공 서비스

m.e.m.o.

3. 교양·상식

3-1 교양·상식

한복과 하이힐, 우리의 전통 한복과 양장 차림의 기본 신발인 ㉠ 하이힐이 어울릴 수 있을까? 전혀 어울릴 수 없어 보인다. 그런데 한국에 양장이 도입되면서부터 함께 들어온 하이힐은 오늘날까지도 한복과 같이 착용되고 있다. 한국에 하이힐을 신을 때 입는 양장이 등장한 것은 1890년대로 서양 문물을 먼저 접할 수 있었던 개화파와 신여성 등 극소수의 여성들만이 착용하였다. 최초의 양장 착용자에 관한 의견은 아직 분분한 상태이다.

서양의 신문화가 도입되면서 개화의 물결은 한복에도 새로운 변화를 주게 되었는데, 여성의 치마 길이가 짧아지며 통치마가 생겼고 양말에 ㉡ 구두를 신게 되었다. 물론 극히 일부에서 신기 시작하였으나 상류층과 기생 등 신여성들이 중심이 되어 한복에 구두를 신었으며 전도사와 학생들도 ㉢ 단화류의 구두를 착용하기도 하였다. 이러한 현상은 하나의 유행이 되어 점차 다수 계층의 여성에게 확산되었으며 새로운 문물을 받아들인 신여성임을 표현하는 하나의 수단이기도 하였다.

한국은 오래 전부터 많은 사람들이 정치적, 사회적인 이유 등으로 만주, 연해주, 하와이 등 여러 곳으로 이민을 갔다. 특히 미국으로 이주한 이민자의 경우에는 서구 문명을 더욱 쉽게 접할 수 있었는데 명절이나 축제일에는 한복을 입고 전통문화를 이어갔다. 그런데 신발은 구두를 신는 경우가 많았다. 전통신발은 구하기가 쉽지 않았으며 ㉢ 고무신은 오랜 기간 방치하면 형태가 굳어져 신을 수가 없게 되므로 늘 신던 구두를 편하게 택했는지도 모른다.

일본 문화학원복식박물관에 색동천으로 만든 하이힐이 소장되어 있다. 아마도 한국 사람이 긴자의 한 구두상점에서 맞춰 신은 것으로 보이는데, 색색이 어우러진 색동 하이힐은 양장이건 한복이건 어느 차림에도 잘 어울릴 것 같아 보인다. 시대의 흐름에 따라 사회가 변화하며, 문화도 함께 변화하기 마련이다. 지금 그다지 편해 보이지 않는 타문화가 혼합된 복식 문화라도 몇 십 년 후에는 패션 트렌드의 한 역사로 남게 될 것이다.

01 이 글의 주제로 가장 알맞은 것을 고르십시오.

① 한복에 하이힐이 어울릴 수 없다.
② 한복에 하이힐이 어울릴 수 있다.
③ 신여성은 한복에 단화를 신었다.
④ 신여성은 양말에 구두를 신었다.

02 밑줄 친 ㉠~㉣ 중 다른 의미로 사용된 것을 고르십시오.

① 하이힐　　② 구두
③ 단화　　④ 고무신

03 미국 이민자들이 옷은 전통 한복을 착용하면서 신발은 서양식 구두를 신게 된 배경은 무엇인지 쓰십시오.

04 전통과 현대 문화가 혼합된 복식 문화의 전망으로 가장 알맞은 것을 고르시오.

① 편하지 않아서 전망이 없다.
② 편하지 않더라도 전망이 있다.
③ 반드시 패션 트렌드가 될 것이다.
④ 패션 트렌드가 되기는 어렵다.

05 이 글의 내용과 다른 것을 고르십시오.

① 동서양의 혼합된 복식 문화는 자연스럽지 않다.
② 개화기에는 신여성과 전도사들이 구두를 신었다.
③ 최초의 양장 착용자에 대해서는 의견이 분분하다.
④ 여전히 사람들이 한복과 하이힐을 즐겨 착용한다.

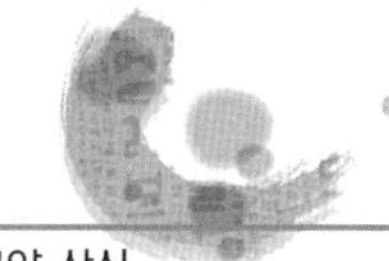

어휘

- 도입되다
  예 한국어 시험에 말하기 문항이 도입되었다.
- 착용하다
  예 그는 뒷산에 갈 때에도 등산화를 착용한다.
- 등장하다
  반 퇴장하다
  예 최근 스타들의 정치 참여가 새로운 문화로 등장했다.
- 극소수
  예 극소수의 사람들이 환경에 대한 경고를 받아들인다.
- 분분하다
  예 이번 휴가철에 산으로 갈지 바다로 갈지 의견이 분분했다.
- 개화
  예 개화를 받아들이는 것이 근대적인 생각으로 인식되었다.
- 확산되다
  예 청년층에서 점점 정치적 무관심이 확산되고 있다.
- 방치하다
  예 그대로 방치하면 곧 썩어서 버려야 한다.
- 소장되다
  예 학교 박물관에 귀중한 서예 작품이 소장되어 있다.

어휘 연습

1. 밑줄 친 곳에 알맞은 어휘를 쓰십시오.

   1) 한국 언론에 대하여 의견이 ___________다.
   2) 전국적으로 가뭄 피해가 ___________고 있다.
   3) 이것은 박물관에 ___________(으)ㄴ 문화재다.

2. 밑줄 친 단어와 의미가 상반되는 것을 고르십시오.

스마트폰이 <u>등장하자</u> SNS의 이용이 확산되었다.

   ① 흔들리자　　② 퇴장하자
   ③ 전시되자　　④ 흘러오자

3-2 교양·상식

15세기 르네상스 시기 '신대륙'에서 발견된 원주민들이 인간이냐 아니냐는 논쟁이 있었다. 그들이 인간이라면 그들을 끌고 가 노예로 부리거나 마음대로 죽여선 안 된다. 그러나 인간이 아니라면 인간들의 나은 삶을 위해서 노예로 부리거나 마음대로 사용해도 된다. 이와 같은 논쟁이 다시 불거지고 있다. 인간의 배아줄기세포는 인간이므로 그것으로 장기를 만들거나 (   ) 이용하면 안 된다는 주장과 배아줄기세포로 난치병을 치료하기 위하여 최선을 다해야 휴머니즘을 실현하는 것이라는 주장이 엇갈리고 있다.

01 (   )에 들어갈 알맞은 것을 고르십시오.

① 평화를 도모하는 데 ② 노예를 다스리는 데
③ 유전자를 조작하는 데 ④ 난치병을 치료하는 데

02 이 글의 뒤에 올 내용으로 가장 적절한 것을 고르십시오.

① 배아에 대한 휴머니즘 논란
② 동물 실험에 의한 동물 살해
③ 배아줄기세포 발견의 성공 사례
④ 인간을 위한 지구라고 착각하는 사례

어휘

- 원주민
  - 예 인디언은 미국의 원주민이다.
- 노예
  - 예 노예는 고대와 중세 사회에 노동력을 제공하였다.
- 줄기세포
  - 예 줄기세포의 발견으로 난치병 치료를 할 수 있게 되었다.
- 난치병
  - 유 불치병
  - 예 사회가 복잡해질수록 난치병 환자가 늘어난다.
- 실현하다
  - 예 그는 꿈을 실현했다.
- 엇갈리다
  - 예 그들은 서로 엇갈리는 주장을 하고 있다.

어휘 연습

1. 다음 밑줄 친 부분에 알맞은 단어나 표현을 쓰십시오.

   1) 인도 북부의 ____________은/는 모계 사회의 질서를 따르고 있다.
   2) ____________의 발견은 생명이란 무엇인가에 대한 새로운 질문을 던지고 있다.
   3) 두 학자의 의견이 ____________는 바람에 결정을 내리지 못했다.

2. (   )에 공통으로 들어갈 알맞은 어휘를 쓰십시오.

   - 그의 야망을 드디어 (   ).
   - 계획을 (   )는 단계에서 어려움을 겪었다.
   - 올림픽에서 그녀의 이상을 (   ).

   (   )

3-3 교양·상식

우리는 늘 실패한다. 우리가 배웠던 것, 세상의 큰 목소리들이 확신에 차서 말하는 것들과 우리의 사소한 경험이 잘 맞아 떨어지지 않고 엇나갈 때 우리는 실패한다. 우리들 개인에게 가장 절실한 문제가 저 큰 목소리들 앞에서는 항상 '당신의 사정'이다. 소작농이 수확의 7할을 지대로 내놓아야 했던 것도 당신의 사정이고, 없던 신작로가 뚫려 한 마을이 두 마을로 나뉘어 살아야 하는 것도 당신의 사정이며, 그 끔찍했던 입시 공부를 자식에게 다시 강요해야 하는 것도 당신의 사정이다. 그런데 우리는 그 (　　　　　　) 변화한다. 사람들마다 하나씩 안고 있는 사소한 당신의 사정들이 실상은 서로 연결되어 있다는 데까지는 생각이 미치지 못하더라도 적어도 그 사정 이야기를 들어줄 사람이 어딘가에는 분명히 있을 것이라고 믿게 되는 것이 바로 그 변화이다. 그리고 그 사람은 있다. 우리를 하나로 묶어줄 것 같은 큰 목소리에서 우리는 소외되어 있지만 외따로 떨어진 것처럼 보이는 당신의 사정으로 우리는 서로 연결되어 있다. 글쓰기가 독창성과 사실성을 확보한다는 것은 바로 당신의 사정을 이해하기 위해 나의 '사소한' 사정을 말한다는 것이다. 그래서 『밥하기보다 쉬운 글쓰기』의 저자는 당신이 쓰고 있는 것에 자신감을 가지라고 말한다. 자신감을 가진다는 것은 자신의 사소한 경험을 이 세상에 알려야 할 중요한 지식으로 여긴다는 것이며, 자신의 사소한 변화를 세상에 대한 사랑으로 이해한다는 것이다.

01 이 글의 주제로 가장 알맞은 것을 고르십시오.

① 실패의 인생을 성공시켜야 한다.
② 당신의 사정을 타인에게 강요할 수 없다.
③ 아무도 당신의 사소한 사정에 관심이 없다.
④ 당신의 사소한 사정이 전체와 연결되어 있다.

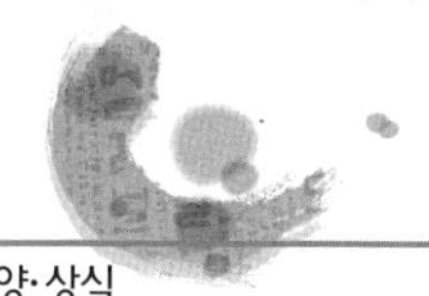

02 (   )에 들어갈 내용으로 알맞은 것을 고르십시오.

① 당신을 사정을 이해할 때　　② 자신감을 얻을 때
③ 실패하는 순간마다　　④ 외따로 떨어질 때

03 이 글의 내용과 같은 것을 고르십시오.

① 어떤 영화에 대해서 이야기하고 있다.
② 글쓰기에 실패하는 이유를 말하고 있다.
③ 글의 독창성과 사실성에 대해서 이야기하고 있다.
④ 실패하더라도 자신감을 가지라고 이야기하고 있다.

어휘

- 절실하다
  예 입시는 학생에게 절실한 문제다.
- 소작농
  예 소작농이 빌린 땅은 절 소유로 되어 있다.
- 실상
  유 실태
  예 교통사고의 실상은 끔찍했다.
- 소외되다
  예 사회복지는 소외된 이웃을 위한 것이다.
- 사소하다
  예 사소한 일 때문에 중요한 일을 망쳤다.

어휘 연습

1. 다음 밑줄 친 부분에 알맞은 단어나 표현을 쓰십시오.

1) 건강을 위해서라도 그녀에게는 다이어트가 ____________다.
2) 부모를 잃은 아이들은 학교와 사회로부터 ____________았/었/였다.
3) 논농사에서 병충해는 ____________(으)ㄴ 문제가 아니다.

2. 밑줄 친 단어와 의미가 비슷한 것을 고르십시오.

고령 인구의 <u>실상</u>을 조사해 보니 문제가 심각했다.

① 실태　　② 실명
③ 실수　　④ 실현

m.e.m.o.

4. 과학

4-1 과 학

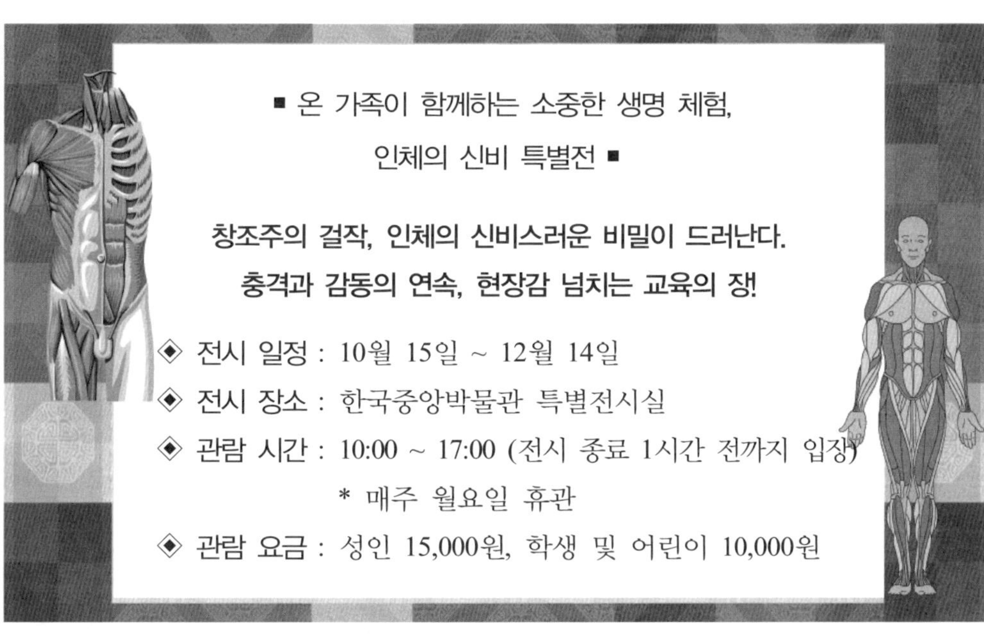

01 이 글은 무엇에 대한 글인지 고르십시오.

① 미술 전시회　　② 과학 전시회
③ 생물학 수업　　④ 박물관 체험

02 이 글의 내용과 같은 것을 고르십시오.

① 월요일에도 관람할 수 있다.
② 전시는 세 달 동안 계속된다.
③ 오후 4시까지 입장할 수 있다.
④ 어른과 아이의 요금이 동일하다.

| 어휘 |

• 인체

예 인체에 해로운 물질이 포함된 제품은 즉시 생산이 중단되어야 한다.

• 걸작

예 '게르니카'는 피카소의 유명한 걸작 중 하나이다.

• 드러나다

예 오랜 가뭄으로 호수의 바닥이 드러났다.

• 현장감

예 이 사진을 보면 월드컵 경기의 현장감이 되살아나는 듯하다.

• 휴관

예 건물 공사로 인해 영화관이 당분간 휴관 중이다.

어휘 연습

1. 밑줄 친 곳에 알맞은 어휘를 쓰십시오.

1) 뮤지컬을 통해서도 모차르트의 대표적인 ___________을/를 들을 수 있다.

2) 대화를 잠시만 나눠 봐도 상대방의 성격이 어느 정도 ___________(느)ㄴ다.

2. (   )에 공통으로 들어갈 알맞은 어휘를 쓰십시오.

• 우리 학교 도서관의 (   )일은 일요일과 공휴일이다.
• 오랜만에 찾은 미술관인데 (   )이라니 정말 운이 없다.
• 박물관에 가기 전에 박물관이 언제 (   )하는지 먼저 확인해야 한다.

(   )

4-2 과 학

인간의 수명을 연장할 수 있는 두 가지 방법이 있다. 하나는 어떤 연령, 예컨대 40세 이전에는 번식하지 못하도록 하는 것이다. 수백 년 후에는 이 연령 제한을 50세로 올릴 수 있다. 두 번째 방법은 유전자를 속여서 자신이 들어 있는 몸을 실제 연령보다 젊다고 생각하도록 하는 것이다. 실제로 이렇게 하려면 나이가 들면서 일어나는 몸속의 화학적 환경 변화를 알아야 한다. 후기에 작용하는 치사 유전자의 스위치를 켜는 신호가 이러한 변화 중의 하나일 수 있다. 젊은 몸의 화학 특성을 흉내 냄으로써 후기에 작용하는 유해한 유전자의 스위치가 켜지는 것을 막을 수 있지 않을까? 흥미로운 것은 노화의 화학 신호 그 자체가 통상적인 의미로 반드시 해로울 필요는 없다는 점이다. 늙은 몸보다 젊은 몸에 많이 들어 있어서 젊음을 표시하는 유전자를 선택하는 것, 다시 말해 늙은 몸에서 젊은 몸의 특성을 모방하거나 흉내 낼 수 있다면 그만큼 늙은 몸은 (　　　　　　) 예측할 수 있다.

01 이 글의 주제로 가장 알맞은 것을 고르십시오.

① 인간의 수명을 연장해야 한다.
② 유전자는 이기적인 선택을 한다.
③ 유전자는 인간의 수명과 관계가 있다.
④ 유전자를 속여서 수명을 연장할 수 있다.

02 (　　　　　　)에 들어갈 알맞은 것을 고르십시오.

① 해로울 것이라고　　② 장수할 것이라고
③ 변화할 것이라고　　④ 번식할 것이라고

어휘

- 번식하다
  - 유 늘다, 퍼지다
  - 예 곰팡이는 습도가 높은 곳에서 빠르게 번식한다.
- 치사
  - 예 암은 종류에 따라 치사 확률이 다르다.
- 흉내(를) 내다
  - 예 아이는 엄마의 잔소리를 그대로 흉내 낸다.
- 유해하다
  - 유 해롭다.
  - 반 무해하다, 이롭다
  - 예 공장에서 배출되는 연기는 환경에 유해하다.
- 통상적
  - 예 도시에서 출퇴근 시간의 교통 체증은 통상적인 현상이다.

 어휘 연습

1. 밑줄 친 곳에 알맞은 어휘를 쓰십시오.

   1) 모든 식물들은 ____________는 데에 필요한 적정 온도와 습도가 있다.
   2) 영화 속에 나오는 인물들을 ____________(으)며 연기 연습을 하곤 했다.
   3) 이번 회장은 ____________인 절차가 아닌 새로운 절차를 통해 선출되었다.

2. 다음 두 단어의 관계가 나머지 셋과 <u>다른</u> 것을 고르십시오.

   ① 통상적 - 일반적 ② 유해하다 - 이롭다
   ③ 번식하다 - 퍼지다 ④ 흉내를 내다 - 그대로 따라하다

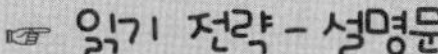

1) 설명문의 특징

설명문은 어떤 사물이나 현상에 대한 정보나 지식을 전달하기 위한 글이다. 설명문은 글쓴이의 개인적인 의견이나 주장이 아닌 정확한 사실을 객관적으로 서술하며, 글의 내용은 정확한 지식과 사실에 근거한다. 또한 분명하고 명확한 언어를 사용하여 의미를 정확하게 전달하되, 표현 자체는 평범하고 쉬운 표현을 사용하여 독자의 이해를 돕는다. 설명문에서 중심 내용이 되는 주제문은 주로 글을 시작하는 앞부분이나 글을 마무리하는 뒷부분에 나온다.

2) 설명문 읽기 전략

예시 지문

한국 음식에서 중요한 것이 세 가지가 있다. 첫 번째 중요한 것이 바로 '밥'이다. '안녕하세요?'라는 인사말 대신 친한 사람들끼리는 '식사하셨어요?', '밥 먹었어?'라는 표현을 쓰는 게 더 자연스럽게 받아들여질 만큼 '밥'은 한국인의 일상생활 속에서 큰 의미로 자리 잡고 있다. 두 번째 한국 음식에서 빼놓을 수 없는 것은 '장'이다. 장은 콩을 발효시켜 만든 음식으로 음식의 간을 맞추거나 음식에 특별한 향미를 더할 때 사용되는데, 한국 음식에 가장 많이 사용되는 장은 고추장, 된장, 간장이다. 한국 음식의 맛은 장맛에 달려 있다고 할 정도로 장은 음식의 맛을 내는 데 큰 역할을 한다. 마지막으로 한국 음식에서 빼놓을 수 없는 나머지 하나는 바로 '김치'이다. 김치는 채소에 갖은 양념을 해서 버무린 후 발효시킨 것으로, 지역마다 집집마다 만드는 방법이 조금씩 다르고 맛도 다르다.

① 주제문 찾기 – 중심 내용 이해하기

주제문은 글에서 전달하고자 하는 중심 내용이 나타나 있는 문장이다. 주제문은 보통 글의 앞이나 뒷부분에 나오고 중요한 핵심 단어가 포함되어 있는 경우가 많다. 예시 글은 한국의 음식 중에서 중요한 것이 세 가지가 있는데, 그 세 가지는 밥과 장과 김치라는 내용이다. 따라서 글의 전체 내용을 가장 간단하면서도 명확하게 나타내고 있는 주제문은 글의 맨 앞에 나오는 문장인 '한국 음식에서 중요한 것이 세 가지가 있다.'이다.

② 세부 내용 이해하기

한국 음식에서 중요한 세 가지가 있다는 주제문으로 시작한 다음부터는 주제문에 해당되는 내용을 더욱 자세히 설명하고 있다. 주제에 대한 정보를 더욱 자세히 밝히는 부분이다. 이 글에서는 **한국 음식에서 중요한 세 가지와 왜 중요한 의미를 지니는지에 대한 내용**이 자세히 설명되어 있다.

③ 밑줄 긋기, 동그라미 치기

글을 읽을 때 중요한 부분에 밑줄을 긋거나 동그라미를 치면서 읽으면 글의 전체적인 내용과 구조를 이해하는 데 효과적이다. 글에서 의미나 구조 파악에 핵심적인 역할을 하는 단어나 표현에는 동그라미를 치고, 주제문이나 세부 내용 이해에 중요한 문장의 일부나 전체에는 밑줄을 긋는다. 위 글은 다음과 같이 표시할 수 있다.

음식에서 중요한 것이 세 가지가 있다. 첫 번째 중요한 것이 바로 '밥'이다. '안녕하세요?'라는 인사말 대신 친한 사람들끼리는 '식사하셨어요?', '밥 먹었어?'라는 표현을 쓰는 게 더 자연스럽게 받아들여질 만큼 '밥'은 한국인의 일상생활 속에서 큰 의미로 자리 잡고 있다. 두 번째 한국 음식에서 빼놓을 수 없는 것은 '장'이다. 장은 콩을 발효시켜 만든 음식으로 음식의 간을 맞추거나 음식에 특별한 향미를 더할 때 사용되는데, 한국 음식에 가장 많이 사용되는 장은 고추장, 된장, 간장이다. 한국 음식의 맛은 장맛에 달려 있다고 할 정도로 장은 음식의 맛을 내는 데 큰 역할을 한다. 마지막으로 한국 음식에서 빼놓을 수 없는 나머지 하나는 바로 '김치'이다. 김치는 채소에 갖은 양념을 해서 버무린 후 발효시킨 것으로, 지역마다 집집마다 만드는 방법이 조금씩 다르고 맛도 다르다.

④ 요약하기

핵심 단어나 중심 내용을 찾아 간단하게 줄여서 글 전체를 메모하듯 구성하면 복잡하거나 긴 글도 쉽게 이해할 수 있다. ③번에서 표시한 밑줄과 동그라미 친 부분을 바탕으로 요약하면 아래와 같이 간단히 정리할 수 있다.

■ 한국 음식에서 중요한 것 세 가지

1) 밥: 인사말로 사용될 정도로 일상생활에서 큰 의미
2) 장: 콩 발효, 고추장, 된장, 간장, 음식의 맛을 낼 때 사용
3) 김치: 채소 양념 후 발효, 만드는 방법과 맛이 다양

⑤ 연결어 활용하여 읽기

문장과 문장을 연결하는 단어나 표현 등에 주의하면서 글을 읽으면 글의 구성과 중심 내용 파악에 도움이 된다. 주제문 즉 중심 내용이 앞에 위치한 글의 경우, 주제문 다음에는 중심 내용을 더 자세히 설명하기 위한 표현인 '예를 들어, 우선, 먼저, 첫째, 첫 번째' 등과 같은 말이 오고, 중심 내용이 글의 뒷부분에 있을 경우 글 앞부분의 세부 내용을 정리하여 마무리하기 위해 글 전체의 주제문이 '그러므로, 따라서, 그래서, 결과적으로, 결론은' 등의 표현으로 시작되는 경우가 많다. 위 글의 경우 주제문이 글의 맨 앞에 위치하고, 주제문의 내용을 자세히 설명하기 위해 '첫 번째, 두 번째, 마지막으로'라는 연결 표현이 사용되어 해당 내용을 구성하고 있다.

m.e.m.o.

5. 인물

5-1 인 물

노벨문학상을 수상한 앨리스 먼로는 단편 작가로서뿐만 아니라 캐나다 작가로서 최초의 수상자가 됐다. 여성 작가로서는 13번째 수상이다. 앨리스 먼로는 수상 소감 인터뷰에서 “노벨문학상 수상이 많은 캐나다인들을 기쁘게 할 것을 생각하니 특히 기쁘고, 캐나다 문단이 더 많은 주목을 받게 될 테니 또한 기쁘다.”고 전했다. 캐나다 전역은 앨리스 먼로의 노벨문학상 수상 소식으로 열기가 뜨겁다.

앨리스 먼로는 10대 시절부터 단편을 쓰기 시작했고, 대학 재학 때 첫 단편 「그림자의 세계」를 출간했다. 1968년 첫 소설집 『행복한 그림자의 춤』이 캐나다 총독문학상을 수상하며 문단의 화려한 찬사를 받았다. 이후 장편소설 『소녀와 여성의 삶』은 미국에서 텔레비전 드라마로 각색되어 큰 성공을 거두었다.

앨리스 먼로의 소설은 주로 캐나다의 작은 시골 마을을 배경으로 하며 요란한 수사나 기이한 소재 없이, 섬세한 관찰력과 정교한 구성, 감미롭고 강렬한 문장의 힘으로 독자들을 끌어들인다. 감정을 배제한, 그러나 사진과 같이 섬세한 세부묘사를 보여주지만, 단순하고 평온할 것 같은 그 세계의 기저에는 날카롭고 불편한 정서가 깔려 있다. 소설 속 인물들은 우리가 일상에서 만나는 평범한 사람들이지만 그들의 선택은 빤하지만은 않다. 때때로 작은 사건이 그들의 인생을 바꿔 놓기도 하고 이야기의 중심이 되기도 한다.

평생 단편 창작에 몰두한 앨리스 먼로는 지금까지 『내가 너에게 말하려 했던 것』, 『공공연한 비밀』, 『떠남』을 비롯한 열두 권의 단편집을 발표했으며, 다수의 작품들이 전 세계 13개국 언어로 번역 출간되었다. 노벨상 심사위원회는 “작가들이 평생에 걸쳐 이룩하는 작품의 깊이와 지혜, 정밀성을 모든 작품마다 성취해 냈다.”라고 선정 이유를 밝혔다.

01 앨리스 먼로의 노벨문학상 수상 배경으로 알맞은 것을 고르십시오.

① 수상 경력이 많은 여성 작가이기 때문에
② 캐나다 문단에서 먼로의 작품을 높이 평가하기 때문에
③ 작품의 깊이와 지혜가 모든 작품에 반영되어 있기 때문에
④ 많은 작품들이 전 세계 여러 언어로 번역 출간되었기 때문에

02 앨리스 먼로의 작품 세계로 알맞지 않은 것을 고르십시오.

① 화려한 수사와 독특한 소재가 특징이다.
② 소설 속 주인공은 주로 평범한 사람들이다.
③ 작품의 배경은 주로 캐나다의 작은 시골이다.
④ 부드러우면서도 강한 문장으로 독자를 사로잡는다.

03 밑줄 친 부분의 의미로 알맞은 것을 고르십시오.

① 작품 속에 보이지 않는 불편한 진실이 숨어 있다.
② 이야기는 단순하지만 내용은 다소 복잡하고 어렵다.
③ 작품에는 작가의 세상에 대한 긍정적인 시각이 담겨 있다.
④ 소설 속 인물들의 감정 상태가 대체로 우울하고 비관적이다.

04 이 글의 내용과 같은 것을 고르십시오.

① 먼로는 드라마 작가로서도 인정받고 있다.
② 먼로는 여성 작가로서 최초의 노벨문학상을 수상하였다.
③ 앨리스 먼로는 지금까지 열두 편의 단편 소설을 발표했다.
④ 앨리스 먼로는 단편 소설뿐만 아니라 장편 소설도 발표하였다.

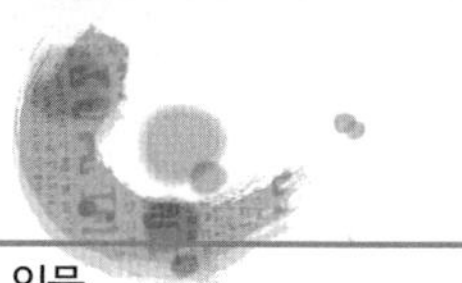

어휘

- 단편
  예 그 작가는 100편 이상의 단편과 15편의 장편 소설을 썼다.
  |참고| 중편, 장편, 중장편
- 수상하다
  예 이 영화는 여러 영화제에서 작품상을 수상했다.
- 열기가 뜨겁다
  예 올림픽 경기가 한창인 요즘 사람들의 응원 열기가 매우 뜨겁다.
- 요란하다
  예 신제품 홍보를 위해 요란한 마케팅 행사를 벌였다.
  |참고| 속담: 빈 수레가 요란하다
- 기이하다
  예 드라마보다 더 기이한 일들이 종종 현실에서 일어나곤 한다.
- 빤하다
  유 분명하다, 뻔하다
  예 속이 들여다보이는 빤한 거짓말

어휘 연습

1. 밑줄 친 곳에 알맞은 어휘를 쓰십시오.
   1) 신인 감독이 베니스 영화제에서 최우수 감독상을 ___________았/었/였다.
   2) 남미의 축구 ___________은/는 그 어느 나라보다 뜨겁다.

2. 밑줄 친 곳에 들어갈 어휘로 알맞지 <u>않은</u> 것을 고르십시오.

그 가수는 무대에서 ___________ 옷차림과 행동으로 관중을 사로잡는다.

① 빤한 ② 별난
③ 기이한 ④ 요란한

5-2 인 물

나에게는 옥탑방에 사는 사촌동생이 하나 있다. 둘 다 환갑 진갑 다 지나 같이 늙어가는 처지지만 동생은 나보다 여덟 살이나 아래다. 볼이 늘 발그레하고 주름살이라곤 없는데 살피듬까지 좋아서 오십대 초반으로밖에 안 보인다. 그러나 겨울나기는 많이 힘들어한다. 기온이 영하로 내려가면 무거운 것도 못 들고, 걷는 것도 느릿느릿 절룩거린다. 동생 말에 의하면 날씨만 추워지면 온몸의 마디가 안 쑤시는 데가 없다고 한다. 동생은 자기의 이런 병을 '웬수 관절이 또 도졌다' 또는 '이놈의 관절만 없다면'이라고 마치 관절을 몹쓸 병 이름처럼 표현한다. 하긴 집에 온 손님들이 시국 얘기를 하면서 아이엠에프를 졸업했나 말았나, 설왕설래하는 소리를 듣더니 부엌에서 나한테 귓속말로 아암프가 어디 대학 이름이냐고 물었으니까. 우리 집에 손님으로 와 본 사람은 다들 동생을 군식구인 줄 안다. 그러나 동생이 남한테 붙박이 식모 취급당하는 건 싫어서 사촌동생이라는 걸 분명히 해두었기 때문에 어느 틈에 이모님이라고 부르게 되었다.

01 동생에 대한 설명으로 알맞은 것을 고르십시오.

① 동생은 지식이 많다. ② 동생은 나의 친동생이다.
③ 동생은 추위를 많이 탄다. ④ 동생의 나이는 오십대이다.

02 밑줄 친 부분과 같이 말하는 이유로 알맞은 것을 고르십시오.

① 관절로 고생을 많이 하기 때문에
② 치료해서 고칠 수 없는 병이기 때문에
③ 관절 때문에 다리를 못 쓰게 되었기 때문에
④ 지신의 모습을 보고 손님들이 무시하기 때문에

03 이 글의 내용과 같은 것을 고르십시오.

① 주인공과 동생은 같은 대학을 졸업했다.
② 동생은 실제보다 나이가 더 많아 보인다.
③ 주인공은 동생이 무시당하는 것을 싫어한다.
④ 주인공은 동생의 건강을 매우 걱정하고 있다.

어휘

• 진갑
예 환갑의 다음 해인 62세 때의 생일을 '진갑'이라고 한다.
|참고| 61세: 환갑, 회갑　　70세: 칠순, 고희

• 도지다
예 과로로 병이 다시 도지기 시작했다.

• 몹쓸
예 가장 친한 친구를 배신하다니 정말 몹쓸 사람이군.

• 설왕설래
유 입씨름
예 사고 원인을 놓고 여러 전문가들이 설왕설래하고 있다.

• 군식구
예 어머니는 매일같이 우리 집에 드나드는 내 친구를 군식구로 여기신다.
|참고| 군~: '덧붙은'을 뜻하는 접두사. 예) 군말, 군불, 군살, 군침, 군것질, 군기침

어휘 연습

1. 밑줄 친 곳에 알맞은 어휘를 쓰십시오.

1) 비 오는 날이면 어김없이 작년에 수술한 허리의 통증이 ____________(느)ㄴ다.
2) 아침마다 지각하는 ____________ 습관은 당장 고쳐야 한다.
3) 시장 후보로 누가 나올 것인지에 대해 ____________이/가 이어지고 있다.

2. 밑줄 친 부분의 의미가 나머지 셋과 다른 것을 고르십시오.

① 군살　　② 군밤
③ 군소리　　④ 군식구

5-3 인 물

여기서 보듯 선덕여왕에게는 앞일을 예견한 세 가지 일이 있었다고 한다. 그 하나는 모란꽃 그림에 나비가 그려져 있지 않은 것을 보고 당나라에서 보내온 모란꽃에 향기가 없을 것이라고 예견한 것이며, 두 번째는 개구리 떼가 3-4일을 울어대는 것을 보고 백제군이 쳐들어올 것을 알아채고 미리 대처했다는 것이며, 세 번째는 죽을 날을 미리 알고서 묻힐 장소까지 예언했는데 실제로 그 말과 같았다는 것이다.

이 이야기는 선덕여왕이 지혜로운 왕이었음을 잘 말해 준다. 만일 그녀가 지혜로운 왕이 아니었다면 이와 같은 이야기가 널리 유행했을 리 만무했을 것이다. 선덕여왕은 여왕이면서 미모를 갖추었고 지혜로웠으며 따스한 인간미까지 갖추었으니, 이런 점에서 선덕여왕은 초창기 우리 민족을 대표했던 여성상이라고 평가해도 좋을 듯하다.

01 이 글의 주제로 가장 알맞은 것을 고르십시오.

① 선덕여왕은 모든 것을 갖춘 팔방미인이다.
② 선덕여왕의 이야기가 당시 널리 유행하였다.
③ 선덕여왕은 미래를 예측하는 능력을 가지고 있었다.
④ 선덕여왕은 민족을 대표할 만한 지혜로운 여왕이었다.

02 이 글의 앞에 올 내용으로 알맞은 것을 고르십시오.

① 선덕여왕의 인품　　② 선덕여왕의 업적
③ 선덕여왕 관련 일화　　④ 선덕여왕의 정치 성향

03 밑줄 친 부분과 의미가 비슷한 것을 고르십시오.

① 유행한 셈 쳤을 ② 유행했으려니 했을
③ 유행했을 만도 했을 ④ 유행했을 턱이 없었을

어휘

- 예견하다
  - 유 내다보다
  - 예 최종 결과가 어떻게 될지 예견하기 어렵다.
- 대처하다
  - 예 관리자는 위기를 잘 대처할 수 있는 능력이 필요하다.
- ~(으)ㄹ 리 만무하다
  - 유 ~(으)ㄹ 리(가) 없다
  - 예 노력을 안 했으니 결과가 좋을 리 만무하다.
- 미모를 갖추다
  - 예 그녀는 지성과 미모를 갖춘 뛰어난 재원이다.

어휘 연습

1. 밑줄 친 곳에 알맞은 어휘를 쓰십시오.

1) 어떤 사람들은 꿈을 통해 미래를 ____________(으)ㄹ 수 있다고 주장한다.
2) 위기에 처했을 때 침착하게 ____________는 것이 중요하다.

2. 밑줄 친 부분과 의미가 비슷한 것을 고르십시오.

경쟁사에서 기술 노하우를 쉽게 <u>공개할 리 만무하다</u>.

① 공개할 리가 없다 ② 공개하려면 멀었다
③ 공개하다시피 한다 ④ 공개하기 일쑤이다

m.e.m.o.

6. 일상생활

6-1 일상생활

나는 고등학교에 들어가면서 중학교 때 친하게 지낸 친구들과 헤어졌다. 나는 친구들이 보고 싶어 책걸상을 화장실 청소도구함에 숨긴 뒤 몰래 학교를 빠져나왔다. 그러던 어느 날 책걸상을 들고 가다가 선생님에게 딱 들키고 말았다. 그동안의 일을 안 선생님이 부모님에게 알리는 바람에 나는 무척 혼이 났다.

얼마 뒤 만우절, 등교하다 배가 아파서 병원으로 발걸음을 옮겼다. 의사 선생님은 맹장이라며 수술해야 한다고 했다. 급히 선생님에게 전화를 드렸다.

"선생님! 저 오늘 학교 못 갈 것 같아요. 맹장이래요." "얼른 안 튀어와?"

"선생님! 진짜예요." "자꾸 그러면 엄마한테 전화한다! 빨랑 와!"

병원으로 달려온 엄마는 선생님이 내 말을 믿지 않는다는 이야기를 듣고 직접 나섰다.

"선생님! 저 민경이 엄마예요. 민경이가 맹장이라서요." "아이참! 어머니까지 왜 이러십니까? 아이는 저희가 잘 지도하겠습니다." "선생님, 그게 아니라요." "당장 학교로 보내주세요!"

㉠ <u>나의 행실</u>이 엄마까지 거짓말쟁이로 만든 것 같아 너무 죄송했다. 결국 나는 링거액을 들고 학교로 향했다. 마침 운동장에 있던 선생님과 아이들은 나를 보고 깜짝 놀랐다. "선생님! 맹장 맞죠?" ㉡<u>"그래……. 어머니 기다리시겠다. 얼른 가 봐라!"</u> 택시를 타고 병원에 가면서 생각했다. ㉢ <u>양치기 소년</u>의 마음이 이런 것일까? 만우절 맹장 수술사건을 겪으며 진실하게 살아야겠다고 다짐했다.

01 이 글의 제목으로 가장 알맞은 것을 고르십시오.

① 맹장 수술 ② 선생님과 나
③ 거짓말쟁이 ④ 양치기 소녀

02 밑줄 친 ㉠의 의미로 가장 알맞은 것을 고르십시오.

① 양치기가 되려고 노력한 행동
② 몰래 학교 수업을 빼먹은 행동
③ 시험시간에 부정행위를 한 행동
④ 수술을 해야 해서 병원에 간 행동

03 밑줄 친 ㉡에 나타난 선생님의 심정으로 알맞은 것을 고르십시오.

① 맹장 수술한 학생이 불쌍하다.
② 선생이라는 직업에 회의를 느낀다.
③ 학생을 믿어주지 못한 것이 미안하다.
④ 학생의 어머님을 기다리게 한 것이 미안하다.

04 밑줄 친 ㉢과 관련 있는 속담으로 알맞은 것을 고르십시오.

① 쌀 씻는데 숭늉 찾는다.
② 낫 놓고 기역자 모른다.
③ 아침에는 세 개, 저녁에는 네 개라고 한다.
④ 콩으로 메주를 쑨다 하여도 곧이듣지 않는다.

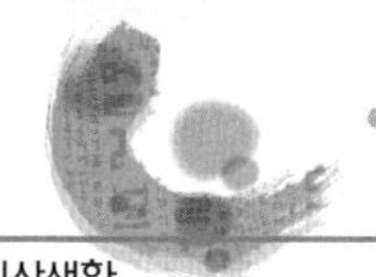

어휘

• 양치기
예 양을 잃어버린 양치기가 양을 찾아 산을 헤매고 있다.

• 숨기다
예 오빠가 들어가자 동생은 얼른 보고 있던 것을 이불 속에 숨겼다.

• 빠져나오다
예 마을에서 빠져나오면 큰 길이 있다.

• 들키다
예 선생님께 들키지 않도록 조심해야 했다.

• 혼이 나다
유 꾸지람을 듣다
예 그 녀석은 단단히 혼이 나야 정신을 차린다.

• 만우절
예 만우절에 친구가 한 거짓말에 속아 돈을 빼앗겼다.

• 거짓말쟁이
예 거짓말쟁이는 자신이 거짓말쟁이라고 하지 않는다.

• 다짐하다
예 다른 사람에게 말하지 않겠다고 다짐했다.

어휘 연습

1. 밑줄 친 곳에 알맞은 어휘를 쓰십시오.

 1) 이 업무는 특급 비밀이므로 다른 사람에게 ____________(으)면 더 이상 진행할 수 없다.

 2) 다음 달까지 밀린 숙제를 다 하겠다고 ____________았/었/였다.

2. 의미가 상반되는 어휘를 찾아 연결하십시오.

① 숨기다 •	• 기어 들어가다
② 빠져 나오다 •	• 들키다
③ 혼이 나다 •	• 칭찬받다

6-2 일상생활

빗길이나 눈길보다 ㉠ 안갯길 운전이 더 위험한 것으로 나타났다. 운전자의 시야가 확보되지 않기 때문이다. 특히 초겨울 일교차가 심한 날씨에는 안개가 자주 끼므로 운전에 유의해야 한다. 교통사고 사망자 100명 중에 7.3명이 안갯길 운전 사고로 인한 것으로 집계되었다. 따라서 안개 속을 운전할 때는 속도를 최소 반 이상 줄이고 안개등이나 운전 보조 장치를 이용하여 안전성을 확보해야 한다고 한다.

01 이 글의 내용과 같은 것을 고르십시오.

① 운전할 때는 보조 장치를 이용해야 한다.
② 안갯길 운전 시 비상등을 켜야 한다.
③ 안갯길 운전 시 속도를 일정하게 유지해야 한다.
④ 일교차가 심한 날씨에는 안갯길 운전이 위험하다.

02 ㉠과 같은 방법으로 만들어진 어휘가 아닌 것을 고르십시오.

① 귓병　　② 아랫방
③ 널빤지　　④ 찻잔

어휘

• 유의하다
유 주의하다
예 봄철 날씨는 변덕스러워서 건강에 유의해야 한다.

• 일교차
예 환절기에는 일교차가 커진다.

• 집계하다
예 통계청은 검찰청 관련하여 한 달 동안 집계한 결과를 발표하지 않았다.

• 확보하다
예 차가 많은 도로에서는 안전거리를 확보하기가 어렵다.

어휘 연습

1. 다음 밑줄 친 부분에 알맞은 단어나 표현을 쓰십시오.
   1) 모니터를 보며 일하는 직업을 가진 사람은 눈 건강에 ___________아/어/여야 한다.
   2) 우선 유통업체를 알아보고 안정적인 판로를 ___________는 것이 필요하다.

2. 밑줄 친 단어와 의미가 비슷한 것을 고르십시오.

약을 복용하기 전에 <u>유의</u> 사항을 읽어 보았다.

① 주의　　② 무의
③ 악의　　④ 선의

m.e.m.o.

7. 건강

7-1 건 강

결혼하자마자 생협 회원으로 가입해서 ㉠ 유기농 식품을 공급받기 시작했다. 무엇보다 건강한 음식으로 건강한 몸을 만들고 싶었다. 결혼 이듬해에 첫아이를 낳은 후에는 더더욱 유기농 식품 신봉자가 되었다. 이런 내 노력 탓에 엉뚱하게도 남편과 시댁에 불똥이 튀었다. 남편은 총각으로 오래 혼자 지내면서 ㉡ 인스턴트와 주전부리에 익숙했던지라 결혼했다고 입맛이 갑자기 바뀌지는 않았다. 집에서 먹는 밥이야 아내가 차려주는 대로 먹었지만 ㉢ 간식을 완전히 끊기는 어려웠나 보다. 이따금 ㉣ 불량식품 과자류를 사와서는 나한테 타박을 받고 아이가 안 보는 다용도실에서 숨어 몰래 먹곤 했다. 주말이 되면 라면을 먹고 싶어했는데 유기농 매장에서 사 온 라면은 신랑의 입맛에 맞지 않았다.

시댁에 다녀갈 때 어머님이 바리바리 싸주시는 음식들도 마뜩찮게 여겼다. 시부모님은 쌀이며 이런저런 잡곡을 챙겨주셨는데 그럴 때마다 혹시 농약 뿌려 기른 것은 아닐까 의심하곤 했다. 선물세트로 받은 스팸이며 참치캔 따위도 세 며느리에게 나누어 주시곤 했는데 나는 늘 괜찮다며 손사래를 쳤다. 형님과 동서네가 애가 많으니 더 드리라고 (　　　　　) 척했지만 사실은 아이에게 먹이기 싫었던 것이다. 지금 생각해 보면 참 요령도 없고 눈치도 없던 며느리였다. 형님과 동서 입장에서 보면 얼마나 얄미운 모습이었을까 싶다. 언제부턴가 이런 행동이 주위 사람들에게 불편함을 준다는 것을 깨닫기 시작했다. 모처럼 친정에 가도 엄마는 가게에서 사온 과자를 손자 손에 쥐어주며 내 눈치를 보곤 하셨다. 친정 자매들도 내가 너무 유별나다며 적당히 먹이며 키우라고 조언하곤 했다.

01 밑줄 친 ㉠~㉣ 중에서 다른 의미로 쓰인 것을 고르십시오.

① ㉠　　② ㉡

③ ㉢　　④ ㉣

02 (   )에 들어갈 알맞은 것을 고르십시오.

① 말하는 ② 양보하는
③ 감사하는 ④ 가져가는

03 이 글의 내용과 같은 것을 고르십시오.

① 글쓴이는 남편과 입맛이 같다.
② 글쓴이는 시어머니를 싫어한다.
③ 글쓴이는 유기농 식품을 좋아한다.
④ 글쓴이는 친정 자매들과 친하지 않다.

어휘

- 신봉자
  예 다큐멘터리 환경스페셜을 본 후 생태흙집 신봉자가 되었다.
- 공급
  반 수요
  예 올해는 날씨가 좋아 채소 공급이 원활한 편이다.
- 불똥이 튀다
  예 그가 사직서를 제출하자 모든 불똥이 내게 튀었다.
- 주전부리
  유 군것질, 간식
  예 땅콩은 주전부리로 인기가 많다.
- 간식
  예 달걀은 어린이 영양 간식으로 권하는 음식이다.
- 불량식품
  예 불량식품은 맛은 좋지만 영양이 없어 엄마들이 아이들에게 먹이지 않는다.
- 마뜩찮다
  예 언니가 생일 선물로 새 구두를 사 줬지만 마뜩찮아서 그동안 신지 않았다.
- 바리바리
  예 명절에는 부모님의 선물을 바리바리 싸 들고 귀향길에 오른다.
- 손사래(를 치다)
  예 많은 사람이 노래를 청하자 어머니는 손사래를 치신다.
- 유별나다
  예 유별난 성격을 가진 사람들은 쉽게 친구를 사귀지 못한다.

어휘 연습

1. 다음 밑줄 친 부분에 알맞은 단어나 표현을 쓰십시오.
   1) 퇴근길에 슈퍼마켓에 들러 ____________을/를 사 들고 귀가했다.
   2) 어린이들은 쫀드기나 뽑기 등의 ____________을/를 좋아한다.
   3) 유명한 뮤지컬 배우인 손경주 씨는 어려서부터 장난질이 ____________아/어/여서 부모님의 걱정거리였다고 한다.

2. 관계있는 어휘를 찾아 연결하십시오.

① 손사래 •	• 싸다
② 바리바리 •	• 치다
③ 불똥 •	• 튀다

7-2 건 강

심장 박동은 불규칙적이어야 한다고 한다. 환자들의 심장 박동이 과거의 박동 패턴과 상관없이 매우 규칙적으로 뛰는 데 반해 정상인의 심장 박동은 한동안 증가하는가 하면 몇 분 후에는 줄어드는 상태가 되고 이런 요동이 계속 반복된다 한다. 건강한 심장은 심장 박동이 느려 혈액 공급이 원활하지 못하면 자체적으로 알아서 심장 박동 간격을 좁힘으로써 혈액 공급량을 회복하는 데 반해, 심장 질환에 걸리게 되면 이러한 능력을 ( ) 규칙적인 운동을 하게 되는 것이다.

01 이 글의 주제로 가장 알맞은 것을 고르십시오.

① 심장 박동은 건강과 관련이 없다.
② 심장 박동이 규칙적인 것이 건강하다.
③ 심장 박동이 불규칙적인 것이 건강하다.
④ 건강한 심장을 갖기 위해 불규칙적인 운동을 해야 한다.

02 ( )에 들어갈 내용으로 가장 알맞은 것을 고르십시오.

① 상실하기 때문에 ② 함양하기 때문에
③ 배양하기 때문에 ④ 훈련하기 때문에

어휘

- 박동
  예 심장 박동이 아직도 뛰고 있다.
- 요동을 치다
  예 배가 좌우로 심하게 요동을 친다.
- 원활하다
  유 막힘없다
  예 엔진이 원활하게 돌아간다.
- 혈액
  예 대학 병원에는 혈액을 제공하는 기관이 따로 있다.
- 자체적
  예 자금 문제는 자체적으로 해결이 가능하다.
- 질환
  유 질병
  예 사망 1위는 심장 질환으로 밝혀졌다.

어휘 연습

1. 밑줄 친 곳에 알맞은 어휘를 쓰십시오.

1) 응급실에서 환자의 ____________ 박동을 확인했다.
2) 우리 몸은 ___________(으)로 바이러스를 이겨내는 자가면역체계를 형성하도록 되어 있다.

2. 밑줄 친 단어와 의미가 비슷한 것을 고르십시오.

물자의 <u>원활한</u> 공급을 위하여 공장 가동을 늦출 수 없다.

① 막힘없는　　② 거침없는
③ 원숙한　　④ 완전한

7-3 건 강

요즘 어린이집에서 머릿속의 이가 생겨 화제가 되고 있다. 어린이들은 서로 이를 옮기며 이를 잡아주며 놀이를 한다고 한다. 아이들에게 이가 생기기 시작한 것은 유기농 혹은 친환경 제품의 범람으로 인한 <u>과도한 생태주의</u>가 낳은 결과라고 할 수 있다. 마찬가지로 성인 희귀병 중에는 자가면역체계가 스스로 자신의 몸을 공격하여 생기는 사례가 빈번히 발생하고 있다. 이 또한 지나친 청결의식이 불러 온 결과라는 주장이 있다. 기생충 박멸과 벌레가 없는 시멘트나 아스팔트 속에서의 생활이 (   ) 사람들을 병에 걸리게 하고 있다.

01 밑줄 친 부분과 비슷한 의미로 쓰인 말을 이 글에서 찾아 쓰십시오.

02 (   )에 들어갈 가장 알맞은 것을 고르십시오.

① 오히려　　② 때문에
③ 더욱이　　④ 마침내

03 이 글의 내용과 같은 것을 고르십시오.

① 어린이들은 이 잡기 놀이를 좋아한다.
② 아스팔트나 시멘트 생활이 건강에 좋다.
③ 유기농 제품과 친환경 제품이 건강에 좋다.
④ 지나친 청결은 오히려 건강에 해로울 수 있다.

어휘

• 생기다

반 없어지다

예 어제 넘어져서 무릎에 상처가 생겼다.

• 유기농

예 유아에게는 유기농 제품을 사용하도록 권장한다.

• 친환경

예 친환경 음식을 제공하는 식당에 갔다.

• 범람

예 홍수의 범람으로 재난 피해가 심각하다.

• 박멸

유 퇴치

예 바퀴벌레가 생겨서 약을 사서 뿌려 보았지만 박멸되지 않았다.

• 시멘트

예 시멘트가 완전히 마르지 않았는데 누군가 들어가서 발자국이 남고 말았다.

• 아스팔트

예 아스팔트 포장길이 들어선 지 얼마 되지 않는다.

어휘 연습

1. 밑줄 친 곳에 알맞은 어휘를 쓰십시오.

1) 아기 엄마들은 ____________ 제품을 선호한다.

2) 불량 식품의 ____________(으)로 어린이의 건강이 위협 받고 있다.

2. 밑줄 친 단어와 의미가 비슷한 것을 고르십시오.

몸 속 기생충 <u>박멸</u>로 더 이상 기생충 약을 먹을 필요가 없다.

① 퇴치 ② 후퇴

③ 퇴원 ④ 후진

☞ 읽기 전략 - 논설문

1) 논설문의 특징

논설문은 어떤 사건이나 상황에 대해 동의나 반박을 통해 자신의 주장을 펼치기 위한 글이다. 논설문의 목적은 주장을 통해 독자를 설득시키기 위한 것이므로 주장에 대한 근거나 논리적 추론 등을 사용한다. 논설문의 제목을 보면 주장하고자 하는 바를 추측할 수 있으며, 본문 내용은 기존의 의견들에 대한 반박과 반박의 근거들로 채워진다. 따라서 논설문을 읽을 때에는 제목에서 글의 주장과 이유를 추측하고 본문에서는 논리적 근거와 사용하는 방법에 따라 세부 내용을 파악하는 것이 중요하다. 대표적인 논설문에는 칼럼과 사설이 있다.

2) 논설문 읽기 전략

예시 지문

'싼 게 비지떡'이란 말이 있다. 처음부터 그 물건을 구매할 계획이 없었는데 그 상황에서 순간적으로 가격이 싸다는 이유로 충동구매를 한다는 뜻이다. 비지떡은 두부가 될 물을 짜내고 남은 찌꺼기에다 쌀가루나 밀가루를 넣고 빈대떡처럼 부친 떡이어서 가격이 쌀 수밖에 없다. 필요하지도 않고 별맛도 없는 비지떡을 값이 싸다고 한꺼번에 사 놓았으니 알뜰하게 소비할 리도 없거니와 상당 부분은 그냥 버리게 된다. 이렇게 볼 때 '싼 게 비지떡'이라는 속담은 자기에게 필요한 물건을 자신의 소득 범위 내에서 여러 가지 면을 충분히 따져 합리적으로 소비하라는 뜻으로 해석할 수 있다. 싼 값에 산 비지떡을 제대로 먹지도 못하고 쓰레기로 내버리는 소비는 지양해야 한다.

① 밑줄 긋기, 동그라미 치기

글을 읽을 때 중요한 부분에 밑줄을 긋거나 동그라미를 치면서 읽으면 글의 전체적인 내용과 구조를 이해하는 데 효과적이다. 글에서 의미나 구조 파악에 핵심적인 역할을 하는 단어나 표현에는 동그라미를 치고, 주제문이나 세부 내용 이해에 중요한 문장의 일부나 전체에는 밑줄을 긋는다. 위 예시 지문과 같이 표시할 수 있다.

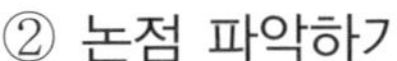

② 논점 파악하기

논설문에서 논점은 주장하는 것을 말하며 글의 주제라고 할 수 있다. 논설문의 논점은 보통 글의 가장 뒤에 나오게 된다. 앞에서 현상이 서술되고 그 현상에 대한 문제점을 지적하면서 논박의 과정을 거친다. 논박을 할 때 현상에 대한 역접('그러나', '하지만')이 이루어진다. 논박이 뼈대를 갖추면 드디어 주장을 하게 된다. 위 예시 지문에서 현상은 속담을 끌어오고 있다. 속담은 사람들에 의해 통용되어 낡은 의미가 되어버린 것이다. 이러한 속담의 의미를 다른 의미로 제시하여 주장하는 방법을 쓰고 있다. 이것이 논설문의 설득의 과정이다. 보통 3단계로 이루어진다.

■ 설득의 과정 ■

- 현상 : 속담의 본래 의미 파기
- 논박 : 속담의 새로운 의미 부여
- 논점 : 주장

③ 주장 유추하기 – 서술어를 찾는다.

앞의 ②에서 말했듯이 논점은 대개 가장 뒤에 있다. 그리고 그 때는 특정 서술어를 사용하여 표현하게 된다. 예를 들어 '-어야 한다', '-라고 생각한다', '-지 않을까', '-으면 좋겠다' 등의 서술어가 주장을 표현한다. 따라서 예시 지문에서 가장 뒤 문장에서 찾아야 하며, '합리적인 소비를 해야 한다'나 '싼 게 비지떡인 소비를 지양해야 한다'가 주장이 된다.

이와 같은 표지는 서술어뿐만 아니라 접속사를 통해서도 확인할 수 있다. 논설문에서는 '따라서', '그러므로', '그렇기 때문에' 등의 접속사를 사용하여 주장을 명확히 하기도 한다.

m.e.m.o.

8. 언어

8-1 언 어

물이나 술 따위를 단숨에 마시는 일을 일러 흔히 '들이키다'라고 한다. 그래서 '임꺽정은 막걸리 한 사발을 들이킨 다음 사람을 돌아봤다'처럼 쓴다. 하지만 이 표현은 틀렸다. '들이키다'라는 말이 '안쪽으로 가까이 옮기다'라는 뜻이기 때문이다. 즉 "비가 들이치니 댓돌에 놓인 신발을 마루 밑으로 들이키는 게 좋겠다"나 "다른 사람이 지나가기 쉽게 발을 좀 들이키는 게 어떻겠니?"처럼 쓰는 말이다.

물이나 술 따위를 단숨에, 또는 한 번에 마시는 일은 '들이켜다'라고 한다. 그래서 '임꺽정은 막걸리 한 사발을 들이켠 다음…'이라고 써야 옳다. 물론 어색하게 생각할 사람도 많을 것이다. 그런 심정이 이해도 된다. 실제 『표준국어대사전』 마저도 '냉수' 항목에서 '냉수를 들이키다'라고 예문을 들고 있으며, '찬술' 항목에서도 '…찬술을 들이킨 것이다'라고 쓰고 있다. 또 '화끈' 항목에서도 '…안주삼아 들이킨 나머지라 속이 화끈거렸고…'라는 보기글이 나온다. 하지만 이들은 각각 '들이켜다, 들이켠, 들이켠'으로 써야 한다. 이렇게 틀린 부분은 부랴부랴 「정오표」를 펴내 고치게 하였다.

한국말을 옳게 쓰는 것은 한국인의 의무에 가깝다. '들이켜다'가 잘 외워지지 않을 때는 '켜다'라는 말을 떠올리면 되겠다. '물이나 술 따위를 단숨에 들이마시다'나 '갈증이 나서 물을 자꾸 마시다'라는 뜻의 이 말을 "자꾸 물을 켜는 것을 보니 짜게 먹은 걸 알겠다"는 식으로 써 왔던 것을 생각하면 '들이켜다'를 쉽게 기억할 수 있을 것이다.

01 다음 중 '들이키다'와 '들이켜다'를 바르게 사용한 것을 고르십시오.

① 신발을 안으로 들이키다　　② 단 숨에 물을 들이키다

③ 막걸리 한 사발을 들이키다　　④ 따라 준 냉수를 들이키다

02 '들이켜다'를 외우는 방법이 무엇인지 위 글에 소개된 것을 쓰십시오.

03 글쓴이의 의도로 알맞은 것을 고르십시오.

① 문학 작품에서의 단어 사용을 알리기 위해서
② '들이키다'와 '들이켜다'의 혼동을 막기 위해서
③ 잘못 안내하고 있는 한국어 사전을 고치기 위해서
④ 사람들에게 단어를 사용하는 방법을 알려 주기 위해서

| 어휘 |

• 틀리다
반 맞다
예 계산 문제가 자꾸 틀려서 화가 난다.

• 심정
유 마음
예 일 년간 준비해서 대상을 받았을 때의 심정은 이루 말할 수가 없었다.

• 부랴부랴
유 서둘러
예 전화를 받고 부랴부랴 택시를 타고 응급실로 달려갔다.

• 의무
반 권리
예 시민이라면 납세의 의무를 지켜야 한다.

• 기억하다
유 떠올리다
예 의자에 앉았을 때 드디어 그 분이 누구인지 기억할 수 있었다.

어휘 연습

1. 다음 밑줄 친 부분에 알맞은 단어나 표현을 쓰십시오.
   1) 그 학생이 작성한 답안은 ____________았/었/였다.
   2) ____________ 짐을 챙겨서 기차역으로 갔다.
   3) 10년이 넘은 일을 ____________는 일은 쉽지 않다.

2. (　　　　)에 공통으로 들어갈 알맞은 어휘를 쓰십시오.

• 그 때는 정말 울고 싶은 (　　　　)이었다.
• 나는 어머니와 같은 (　　　　)(으)로 친구에게 감기약을 전했다.
• 며칠 전 장례를 치른 사람의 (　　　　)을/를 이해할 수 있을 것 같았다.

(　　　　　　　　　　)

8-2 언어

글을 읽다 보면 그 글에 씌어 있는 낱말이나 말법의 잘잘못을 따지기에 앞서 이야기 내용에 아주 압도당하는 경우가 있다. 이렇게 되면 그 글은 성공한 글이고, 좋은 글 또는 훌륭한 글이라 할 수 있다. 이와는 반대로 낱말이나 말법에 잘못이 한 군데도 없이 깨끗하게 씌어진 글이라 하더라도 그 내용이 시시하거나 옳지 못한 생각 또는 행동을 적어 놓았다면 그 글은 읽을 가치가 없다. 그런데 이런 말은 논리로 따져서 하는 말이다. 실제로는 글의 내용이 절실한 이야기로 꽉 차 있으면 허튼 말이 없고 겉치레 글 꾸미기도 없다. 하고 싶은 말이 없으니까 뭔가 있는 것처럼 쓰려고 하는 것이고, 그러다 보니 남의 것 흉내나 내고 말재주를 부리게 된다.

01 이 글의 내용과 다른 것을 고르십시오.

① 좋은 글은 허튼 말이 없다.
② 시시한 글은 읽을 가치가 없다.
③ 절실한 이야기는 말재주를 부린다.
④ 낱말이나 말법보다 내용이 중요하다.

02 이 글에서 강조하는 글쓰기의 방법을 고르십시오.

① 사용하는 낱말　　② 이야기 꾸미기
③ 이야기 흉내 내기　　④ 이야기의 절실함

어휘

- 압도당하다
  예 우선 양에 있어서 사람들이 압도당했다.
- 시시하다
  예 그 영화는 시시한 연애 이야기다.
- 절실하다
  예 그에게 돈은 절실한 문제가 아니다.
- 허튼
  예 허튼 수작을 부리면 들통이 난다.
- 겉치레
  예 '언제 밥 한 번 먹자'라는 인사는 그녀의 친절한 겉치레에 불과하다.

어휘 연습

1. 다음 밑줄 친 부분에 알맞은 단어나 표현을 쓰십시오.

   1) 그 따위 ____________(으)ㄴ 일로 울지 마라.
   2) 그 녀석의 말은 온통 ____________ 소리에 불과하다.
   3) 그의 지금의 행동은 결코 ____________이/가 아니다.

2. 어울리는 어휘를 찾아 연결하십시오.

   ① 허튼 •   • 수작
   ② 시시한 •   • 감동
   ③ 절실한 •   • 작품

8-3 언어

한국어에는 '만들다'라는 동사와 비슷한 의미의 '짓다'라는 동사가 있다. 그러나 '짓다'는 '만들다'에 '정성'이라는 의미를 보태어 생각하면 좋다. '정성을 다해 만들다'가 '짓다'의 사전적 의미가 된다. 그래서 중요한 물건, 말하자면 정성을 다해서 만들어야 하는 것들에는 '짓다'를 쓴다. 한국어에서 '옷을 짓고', '집을 짓고', '밥을 짓는다'고 쓴다. '밥을 만들다'라고 하면 어색한 표현이 된다. 그런데 한국어에서는 글도 '만들다'가 아니라 동사 '짓다'를 쓴다. 글은 마음을 다하고 영혼을 다하여 만드는 일이기에 '글을 짓다'라고 말하는 것이다.

01 이 글의 주제로 가장 알맞은 것을 고르십시오.

① 글은 정성을 다해 써야 한다.
② 옷은 정성을 다해 지어야 한다.
③ 집은 정성을 다해 지어야 한다.
④ 밥은 정성을 다해 만들어야 한다.

02 다음 중 위의 내용과 <u>다른</u> 것을 고르십시오.

① 한국어는 배우기 까다로운 언어다.
② 한국어는 '만들다'와 '짓다'를 구분하여 사용한다.
③ 한국어에는 비슷한 의미를 다른 동사로 쓰는 경우가 있다.
④ 한국 사람들은 정성스럽게 만들어야 하는 것은 '짓다'라고 쓴다.

어휘

• 보태다
유 보충하다
예 그는 밤일을 해서 모자라는 수입에 보탰다.

• 정성
예 그는 정성을 다하여 선물을 포장했다.

• 어색하다
유 부자연스럽다, 겸연쩍다, 거북하다
예 여자들과 같이 있기가 어색하다.

• 영혼
유 혼, 얼, 영
예 그 음악을 들으니 영혼이 맑아지는 기분이었다.

어휘 연습

1. 다음 밑줄 친 부분에 알맞은 단어나 표현을 쓰십시오.
   1) 아르바이트를 해서 가정 형편에 ____________았/었/였다.
   2) 모든 음식에는 어머니의 ____________이/가 들어간다.
   3) 그녀의 눈빛에는 맑은 ____________을/를 지닌 사람만이 낼 수 있는 빛이 있었다.

2. 밑줄 친 단어와 의미상 바꿔 쓸 수 <u>없는</u> 것을 고르십시오.

자리를 비워 달라는 부탁에 그는 <u>어색한</u> 표정으로 그 자리를 떴다.

① 불편한　　② 거북한
③ 자연스러운　　④ 부자연스러운

9. 환경문제

9-1 환경문제

『불편한 진실』은 환경운동가이자 미국 부통령을 지낸 앨 고어의 역작이다. 이 책은 이산화탄소 증가 등으로 인한 지구온난화가 지구와 인류를 어떻게 위기로 몰아가고 있는지를 하나하나 짚어주고 있다. 가령 킬리만자로의 눈은 거의 녹아버렸고, 히말라야 산맥의 빙하는 지금도 끊임없이 녹아내리고 있으며, 2005년 미국 뉴올리언스를 쑥대밭으로 만든 '카트리나' 같은 초대형 허리케인이 증가하고 있다고 보고한다. 이러한 추세대로라면, 20여 년 내에 플로리다, 상하이, 뉴욕 등이 물에 잠기게 되고, 극단적인 이상 기후, 홍수, 가뭄, 전염병이 찾아오게 된다. 그러나 사람들은 이러한 사실들을 받아들이려 하지 않는데, 저자는 다소 불편하더라도 사람들 각자가 이 사실을 받아들이고 환경보호를 위해 실천하는 것이 필요하다고 역설한다.

또한 이 책은 세련된 과학 잡지처럼 풍부한 사진 자료와 보기 쉬운 그래프, 간결한 설명이 더해져 남녀노소 누구에게나 적합한 환경 교과서 역할을 한다. 급속한 발달이 인간 생활의 편리를 가져오는 똑같은 크기만큼 지구가 따뜻해져 병들어가고 있음을 다양한 통계 자료가 증명해 준다. 인간은 자신이 자연의 일부임을 망각하고, 나중에 어떤 대가를 치르건 상관없이 눈앞의 이익을 위해 자연을 정복의 대상으로 삼아 파괴를 일삼는다. 이로 인해 빠르게 변해가는 지구의 모습을 이 책을 통해 확인할 수 있다. <u>환경문제에 관해서 우리는 늘 이중적 태도를 보인다.</u> 경제와 개발의 논리를 앞세워 눈앞의 이익이나 편리함에 양보를 해온 것은 언제나 환경이고 자연이다. 지구온난화의 위험을 알리는 책 『불편한 진실』은 제목 자체만으로도 화제가 되어 치부를 감추거나 외면하고 있는 곳에 '용어'로 자주 인용되고 있다.

01 이 글에서 말한 가장 심각한 환경 문제는 무엇인지 고르십시오.

① 온실 효과　　② 남극의 파괴
③ 빙하의 손실　　④ 지구온난화

02 밑줄 친 부분에서 '이중적 태도'가 의미하는 바는 무엇인지 쓰십시오.

03 이 글의 내용과 다른 것을 고르십시오.

① 환경 파괴는 인간의 이기심에 의한 것이다.
② 『불편한 진실』은 환경 교과서 역할을 한다.
③ 앨 고어는 정치적 승리를 위하여 환경을 이용했다.
④ 환경에 관한 책 소개로서 일반적인 것과 간단한 소감을 덧붙였다.

| 어 휘 |

- 역작
  예 이 영화는 김 감독의 역작이다.
- 짚다
  예 형사는 범인의 진술에서 이상한 점을 몇 가지 짚었다.
- 추세
  예 부동산 가격이 하락 추세를 보이고 있다.
- 역설하다
  예 대통령 후보는 정치의 공정성을 높여야 한다고 역설하였다.
- 일삼다
  예 젊은 시절에는 낚시질을 일삼고 집안을 돌보지 않았다.
- 화제
  예 그 시집이 화제가 되고 있다.

어휘 연습

1. 다음 밑줄 친 부분에 알맞은 단어나 표현을 쓰십시오.
   1) 이 작품이 그가 죽은 후에 ____________(으)로 평가받았다.
   2) 한국의 교육 평가 지수가 상승 ____________을/를 보이고 있다.
   3) 거짓말을 ____________아/어/여서 친구가 없다.

2. (　　　　)에 공통으로 들어갈 알맞은 어휘를 쓰십시오.

- 그 일은 항간의 (　　　　)이/가 되다
- 그 사람은 다양한 경험을 해서 (　　　　)이/가 풍부하다
- 매일 만나다 보니 (　　　　)이/가 떨어졌다.

(　　　　　　　　　　)

9-2 환경문제

17세기에만 북미에서 (   ) 1천에서 1천 5백만 마리의 비버가 죽임을 당한 것으로 추정된다. 1600년대 말에 이미 뉴잉글랜드의 대부분의 지역에서는 비버들이 희귀해졌다. 1700년대 말, 엘러게이니 산맥 동쪽의 비버 집단이 소멸되었다. 잉글랜드에 수출되었던 비버 모피는 모자로 가공되어 식민지들에 종종 역수출되었다. 비버들과 그들이 짓는 둑과 못들의 소실은 해당 지역 생태계에 격렬한 변화를 초래하였다. 이것은 다시 다른 종들에게 영향을 미쳤다.

01 이 글에 있는 내용이 무엇인지 고르십시오.

① 생태계 보전 방법　　② 생태계 파괴의 원인
③ 생태계를 살리는 방법　　④ 생태계 보전의 역사

02 (   )에 들어갈 알맞은 것을 고르십시오.

① 모피 때문에　　② 모자 때문에
③ 가공 때문에　　④ 수출 때문에

| 어 휘 |

- 추정하다
  예 연구 결과를 추정하였다.
- 희귀하다
  예 북극곰은 희귀한 동물이 되었다.
- 소멸되다
  유 없어지다
  예 보험의 효력이 소멸되었다.
- 가공하다
  예 원료를 가공하여 수출하였다.
- 소실
  예 귀중한 문헌이 소실되었다.

어휘 연습

1. 다음 밑줄 친 부분에 알맞은 단어나 표현을 쓰십시오.
   1) 경찰은 체육관 붕괴 원인을 ____________았/었/였다.
   2) 원료를 ____________아/어/여 수출하고 있다.

2. 어울리는 어휘를 찾아 연결하십시오.

① 원료 •	• 추정하다
② 결과 •	• 수입하다
③ 문화재 •	• 소실되다

10. 경제

10-1 경 제

왜 극장 안에서 파는 팝콘은 더 비싼가? 왜 레스토랑에서 파는 와인은 더 비싼가? "일단 당신이 문을 열고 안으로 들어왔기 때문에 그들은 원하는 대로 가격을 부과할 수 있다."는 대답으로 충분할까? 고객들은 멍청이일 수도 있지만 그 정도까지는 아니다. 사람들은 레스토랑 문을 열고 들어가기 전에 와인 가격이 비쌀 것이고, 영화관에서 파는 팝콘이 좀 더 비쌀 것이라는 사실을 예상한다.

이제 우리는 더 나은 대답을 할 수 있다. 가격에 (㉠) 영화 관객은 미리 집에서 군것질거리를 준비해 가져가거나 군것질거리 없이 영화를 본다. 가격에 (㉡) 사람은 크게 신경 쓰지 않고 팝콘을 사먹을 것이다. 현명한 생각이다.

흔히 영화관은 마을에 하나밖에 없거나 도심에서도 당신이 보고 싶은 영화를 상영하는 영화관은 하나뿐인 경우가 많다. 이런 경우 그 영화관은 희소성을 가지고 있으며, 똑똑한 관리자라면 이를 최대한 이용하고자 할 것이다.

하지만 레스토랑에서 와인 값을 비싸게 받는 것은 이와 같은 이유로 설명할 수 없다. 일반적으로 한 마을 안에 레스토랑은 여러 대안이 존재하기 때문에 영화관만큼 희소성을 가지고 있지 않기 때문이다. 희소성의 힘이 약하면 가격은 원가에 맞추어 책정되게 마련이다. 하지만 대부분의 레스토랑에서 파는 와인은 원가보다 가격이 훨씬 높다. 이에 대한 설명 중 하나는 (㉢) 주장이다. 그러므로 레스토랑 주인은 한가롭게 테이블을 오래 차지하고 식사하는 사람에게 더 많은 돈을 받고자 하는 것이며, 그래서 와인뿐 아니라 샐러드와 디저트에도 높은 가격을 받고 있다는 것이다.

01 이 글의 주제로 가장 알맞은 것을 고르십시오.

① 상품 가격은 예상하기가 어렵다.
② 같은 상품이라도 가격이 다르게 책정될 수 있다.
③ 영화관의 팝콘 가격에 대해 소비자의 불만이 많다.
④ 영화관의 팝콘과 레스토랑의 와인을 소비하면 안 된다.

02 ㉠과 ㉡에 순서대로 들어갈 알맞은 것을 고르십시오.

① 둔감한 - 민감한　　② 민감한 - 둔감한
③ 항의하는 - 동의하는　　④ 동의하는 - 항의하는

03 ㉢에 들어갈 내용으로 가장 알맞은 것을 고르십시오.

① 와인은 음식이 아닌 주류에 해당한다는
② 와인은 레스토랑에서 제공하는 특별 서비스라는
③ 레스토랑 사업에서 가장 큰 비용은 테이블 공간이라는
④ 레스토랑의 수익은 음식이 아닌 다른 부분에서 창출된다는

어 휘

- 부과하다
  예 대부분의 국가에서는 술과 담배에 세금을 부과한다.
- 희소성
  예 다이아몬드는 그 희소성 때문에 가치가 있다.
- 대안
  예 위기를 극복할 새로운 대안을 찾아야 한다.
- 책정되다
  예 최저 임금이 시간 당 5,500원으로 책정되었다.
- 한가롭다
  유 한가하다
  반 분주하다
  예 젊은 남녀 한 쌍이 해변을 한가롭게 걷고 있다.

어휘 연습

1. 밑줄 친 곳에 알맞은 어휘를 쓰십시오.

1) 보통 제품의 ____________이/가 높으면 높을수록 가격이 비싸다.
2) 중요한 시험을 앞두고 ____________게 잠이나 자고 있다니 한심하군.

2. 다음 제시된 단어를 연결하여 하나의 문장으로 만드십시오.

경찰관, 벌금, 교통 신호, 차량, 위반하다, 부과하다

(　　　　　　　　　　　　　　　　　　　　　　)

10-2 경 제

"미래의 경제는 좀 다릅니다. 아시다시피 24세기에는 돈이란 것이 없습니다." 공상과학 영화 '스타트랙'에 등장하는 우주선 선장의 말이다. 그때쯤에는 아마 자본주의라는 것도 없을 것이다. 어쩌면 2300년이 되기 훨씬 전에 자본주의가 사라질지도 모를 일이다.

부의 혁명이 계속됨에 따라 우리는 낯설고 새로운 세상을 맞이하게 될 것이다. 그런데도 자본주의를 옹호하는 측과 반대하는 측 모두 몇 세기 동안 지루한 공방만 계속하고 있다. 자산과 자본, 시장의 변화가 ㉠ 이들이 가지고 있는 과거에 대한 케케묵은 생각을 떨쳐 버릴 만큼 강력하지 않다면 돈의 미래를 살펴보는 것이 도움이 될 것이다. 자본주의의 다른 핵심 요소와 마찬가지로 돈도 수세기 만에 가장 빠르고 강력한 혁명을 경험하고 있다. 이 혁명은 지불·결제 형태와 방식을 획기적으로 뒤바꿔 놓고, 돈을 전혀 사용하지 않는 비즈니스 기회를 증가시키고 있다.

01 이 글의 제목으로 알맞은 것을 고르십시오.

① 미래의 화폐　② 자본주의의 몰락
③ 미래의 경제와 영화　④ 자본주의의 핵심 요소

02 ㉠이 지시하는 것으로 알맞은 것을 고르십시오.

① 영화에 등장하는 인물들
② 새로운 세상을 맞이하는 사람들
③ 부의 혁명을 반대하는 기존 세력들
④ 자본주의를 지지하는 측과 반대하는 측

03 이 글의 내용과 같은 것을 고르십시오.

① 미래에는 돈이 없어질 것이다.
② 부의 혁명으로 인해 자본주의가 몰락하고 있다.
③ 화폐의 형태와 사용 방식이 빠르게 변화하고 있다.
④ 경제학자들이 미래지향적인 태도로 연구에 임하고 있다.

어휘

• 혁명
예 인터넷은 정보통신 시대의 혁명을 가져왔다.

• 옹호하다
유 편들다, 보호하다
예 이 단체는 불법 이민자의 권리를 옹호하기 위해 설립되었다.

• 공방
예 여당과 야당이 치열한 정치 공방을 벌이고 있다.

• 케케묵다
유 낡다, 오래되다
예 고향집에는 케케묵은 어릴 적 물건들이 고스란히 놓여 있었다.

• 획기적
예 세대 갈등을 해소할 획기적인 대안이 절실하다.

어휘 연습

1. 밑줄 친 곳에 알맞은 어휘를 쓰십시오.

1) 사건의 책임을 둘러싼 법정 ___________이/가 계속되고 있다.
2) 그런 ___________(으)ㄴ 사고방식으로는 급변하는 사회 변화에 발맞출 수 없을 것이다.

2. 밑줄 친 부분에 들어갈 어휘의 의미가 나머지 셋과 <u>다른</u> 것을 고르십시오.

여당 대표는 정부의 입장을 ___________ 성명을 발표했다.

① 지지하는　　② 찬성하는
③ 거부하는　　④ 옹호하는

10-3 경 제

'싼 게 비지떡'이란 말이 있다. 처음부터 그 물건을 구매할 계획이 없었는데 그 상황에서 순간적으로 가격이 싸다는 이유로 충동구매를 한다는 뜻이다. 비지떡은 두부가 될 물을 짜내고 남은 찌꺼기에다 쌀가루나 밀가루를 넣고 빈대떡처럼 부친 떡이어서 가격이 쌀 수밖에 없다. 필요하지도 않고 별맛도 없는 비지떡을 값이 싸다고 한꺼번에 사 놓았으니 알뜰하게 <u>소비할 리도 없거니와</u> 상당 부분은 그냥 버리게 된다. 이렇게 볼 때 '싼 게 비지떡'이라는 속담은 자기에게 필요한 물건을 자신의 소득 범위 내에서 여러 가지 면을 충분히 따져 (　　　　　) 뜻으로 해석할 수 있다. 싼 값에 산 비지떡을 제대로 먹지도 못하고 쓰레기로 내버리는 소비는 지양해야 한다.

01 이 글의 주제로 가장 알맞은 것을 고르십시오.

① 충동구매를 하면 대부분 그냥 버리게 된다.
② 물건을 사기 전에 미리 계획을 세워야 한다.
③ 여러 가지 면을 고려하여 올바른 소비를 해야 한다.
④ 가격이 싼 물건을 구매할 때는 여러 가지에 유의해야 한다.

02 밑줄 친 부분과 의미가 비슷한 것을 고르십시오.

① 소비할 수도 없는데도 ② 소비할 틈도 없겠지만
③ 소비할 법도 없을 텐데 ④ 소비할 턱도 없을뿐더러

03 (　　　　)에 들어갈 내용으로 알맞은 것을 고르십시오.

① 합리적으로 소비하라는 ② 충동구매를 하지 말라는
③ 싼 물건을 살 때 조심하라는 ④ 소득 금액 내에서 구매하라는

어휘

- 싼 게 비지떡
  - 예 싼 게 비지떡이라고 인터넷으로 아주 싸게 산 바지를 세탁했더니 줄어들어서 입을 수 없게 되었다.
- 충동구매
  - 예 충동구매를 하지 않으려고 사야 할 물건을 미리 적어서 간다.
- 알뜰하다
  - 반 헤프다
  - 예 알뜰한 사람은 불필요한 것에 절대 돈을 낭비하지 않는다.
- 따지다
  - 예 집을 살 때는 가격, 교통, 교육이나 생활 환경 등을 따져야 한다.
- 지양하다
  - 반 지향하다
  - 예 현대 사회의 지나친 경쟁은 지양할 필요가 있다.

어휘 연습

1. 밑줄 친 곳에 알맞은 어휘를 쓰십시오.

   1) ____________(으)ㄴ 아내 덕분에 결혼한 지 5년 만에 집 장만에 성공했다.
   2) 체중 조절에 엄격한 사람들은 모든 음식의 칼로리 수치를 일일이 ____________(느)ㄴ다.

2. 다음 내용과 어울리는 속담을 쓰십시오.

> 어제 시장에 갔다가 운동화가 너무 싸고 예쁘길래 두 켤레나 샀다. 그런데 며칠 신어 보니 운동화인데도 발가락이 조이고 발뒤꿈치 닿는 부분도 너무 아파서 도저히 신을 수가 없었다. 다른 한 켤레는 비 오는 날 신었었는데 신발 안으로 물이 새어 들어와서 너무 불편했다.

(   )

11. 교육

11-1 교 육

서로 배우며 함께 성장하는 정다운 우리 학교
완주 평생학습관 강좌를 소개합니다.

왕초보컴퓨터 (한글판)		왕초보컴퓨터 (시작반)	
과 목	한글2010, 인터넷 활용	과 목	윈도우97, 한글2010
수업시간	월 수(14: 00 ~ 15: 50)	수업시간	월 수(16: 00 ~ 17: 50)
수업기간	9월 3일 ~ 12월 26일	수업기간	9월 3일 ~ 12월 26일
교육장소	완주군 평생학습관 자료정보실(소양면 철쭉 작은도서관)		
접 수	홈페이지 접수 및 학습관 1층 상담실(070-8232-7507)		
홈페이지	https://learning.wanju.go.kr		

완주 평생학습관에서는 많은 강좌가 모집 중에 있습니다.
홈페이지 방문해 보시고 참여하시기 바랍니다.

01 교육 신청 방법으로 알맞은 것을 고르십시오.

① 방문 접수만 받는다.
② 홈페이지 접수만 받는다.
③ 홈페이지 접수는 받지 않는다.
④ 홈페이지로 접수하거나 방문 접수를 받는다.

02 안내문의 내용과 다른 것을 고르십시오.

① 9월 3일부터 접수한다.
② 강좌는 두 반으로 되어 있다.
③ 왕초보컴퓨터 한글반에서는 한글2010을 배운다.
④ 장소는 소양면 철쭉 작은도서관 컴퓨터실이다.

어휘

• 성장하다
유 자라다, 커지다
예 근대 초기 국가들은 전쟁을 계기로 경제적으로 성장하였다.

• 정답다
예 그들은 정답게 이야기를 나누었다.

• 평생학습관
예 도시마다 평생학습관을 두고 도시민들의 평생학습을 돕는다.

• 강좌
예 이번 강좌는 특별히 세계적으로 알려진 철학자를 초대하였다.

• 소개하다
예 그는 선생님께 그 소설의 저자를 소개하였다.

• 왕초보
예 운전은 항상 왕초보의 마음으로 해야 안전하다.

• 방문하다
예 이번 복지 정책을 위하여 시장은 서민들의 가정을 직접 방문하기로 하였다.

• 참여하다
예 요즘 들어 청년들의 정치 참여가 높아지고 있다.

어휘 연습

1. 밑줄 친 곳에 알맞은 어휘를 쓰십시오.

1) 인력중개센터에서는 일손이 부족한 곳에 일꾼을 ____________(느)ㄴ다.
2) 5월 스승의 날을 맞아 선생님 댁을 ____________았/었/였다.
3) 휴식 없이 일하다 친구의 권유로 인근 사찰에서 실시하는 템플 스테이에 ______기로 했다.

2. 밑줄 친 단어와 의미가 비슷한 것을 고르십시오.

봄에 집 앞에 심은 느티나무가 빠르게 <u>성장하였다</u>.

① 자랐다 ② 잘랐다
③ 켰다 ④ 껐다

11-2 교 육

디지털시대, 대학의 변화가 심상치 않다. 작년 12월 22일치 <이코노미스트>는 '무크스'(MOOCs, Massive Open Online Courses, 대규모 온라인 공개 강좌)에 대한 소개와 함께 전세계 대학들이 온라인 교실로 연결되면 몇 개의 슈퍼 대학만 남고 나머지는 곤란한 상황에 처할 것이라고 했다. 시사 잡지 <아메리칸 인터레스트>도 50년 안에 미국 4500개 대학 중 절반은 사라지고 하버드대 수강생은 10년 내에 1000만 명이 넘을 것이라고 한다. 이 온라인 교실 시스템은 강의뿐 아니라 질문, 분반 토론도 하고 시험도 보며 졸업장도 주는 제도로 진화하고 있다. 최신 발명품인 유튜브와 위키피디아, 페이스북을 활용한 정교한 시스템을 통해 수십 만 명이 서로의 글을 읽고 논평하고 인기투표를 하는 '지구촌 교실'이 만들어지고 있는 것이다. 이 새로운 학습 생태계는 1971년 영국의 개방 대학교가 라디오와 텔레비전을 활용한 새로운 실험에서 시작해서 미국의 매사추세츠공대(MIT), 하버드, 스탠퍼드대학교가 주도하는 온라인 강좌 시스템과 만나면서 새로운 모형으로 완성되어 가는 중이다.

이런 학습 생태계의 출현은 우리에게 어떤 의미를 가질까?

일단 학생들은 세계 석학과 전문가들의 강의를 들을 기회가 많아진다. (㉠) 번역시스템을 잘 마련한다면 이 제도는 학생들에게 배움의 폭을 한층 확장시켜 줄 것이다. (㉡) 교수는 어떨까? 일단 강의 부담을 대폭 줄일 수 있다. (㉢) 특히 서구의 최신 교재를 수입해 가르치는 이공계나 정보지식형 분야는 딱히 강의를 하지 않아도 되고, 오히려 경험이 풍부한 조교들이 지도를 잘하면 될 것이다. (㉣) 이를 통해 교수들은 연구시간을 확보할 수 있다. (   ) 온라인으로 대체할 수 없는 인문사회계 수업들은 늘어날 것이다. 학생들과 교수가 구체적인 역사적 시공간에서 전면적 관계를 통해 토론하고 사회문제를 풀어가는 지식 생산의 장이 더욱 풍성해져야 하기 때문이다. 온라인 강좌를 적절히 활용하면서 우리 문제를 제대로 다룰 적정기술과 자생적 지식 생산 체계를 튼실하게 만들어 가는 일이 매우 중요해지고 있다.

01 이 글의 주제로 가장 알맞은 것을 고르십시오.

① 미래 대학은 온라인 강좌를 적절히 활용하게 될 것이다.
② 미래 대학은 정보지식형 분야의 강의를 하게 될 것이다.
③ 미래의 학습 생태계는 지식 생산의 장을 마련할 필요가 있다.
④ 미래의 학습 생태계는 전면적 관계를 통한 토론 형태가 될 것이다.

02 (   )에 들어갈 가장 알맞은 것을 고르십시오.

① 반면 ② 그래서
③ 그리고 ④ 더욱이

03 〈보기〉의 문장이 들어가기에 가장 알맞은 곳을 고르십시오.

보기
초기에 강의 구상을 한 뒤 그 분야 최고 강사의 강의를 선정해 학생들과 함께 들으며 토론한다면 수업의 질도 높이고 강의 준비 시간도 줄일 수 있다.

① ㉠ ② ㉡
③ ㉢ ④ ㉣

04 이 글의 내용과 같은 것을 고르십시오.

① 미래 대학은 양적으로 많아질 것이다.
② 미래 대학의 이공계 수업은 늘어날 것이다.
③ 미래 대학의 인문계 수업은 늘어날 것이다.
④ 미래 대학에서 교수들은 연구시간이 부족할 것이다.

어휘

• 곤란하다
예 직장을 잃은 뒤 생활이 곤란해졌다.

• 절반
예 세계의 절반은 여자다.

• 진화하다
예 다윈에 의하면 인간은 원숭이에게서 진화했다고 한다.

• 생태계
예 환경학자들이 생태계 보존을 이유로 개발을 반대하고 있다.

• 확보하다
예 물량을 확보한 후 판로를 알아보기로 했다.

• 자생적
예 새로운 개념의 자생적인 조직이 생겨나기 시작했다.

• 튼실하다
유 튼튼하다, 건강하다
예 그는 튼실한 다리를 가지고 있어서 육상 선수가 될 만하다.

어휘 연습

1. 다음 밑줄 친 부분에 알맞은 단어나 표현을 쓰십시오.

1) 회사 입장에서는 갑자기 그녀가 마음을 바꾸는 바람에 ________(으)ㄴ 처지에 놓였다.
2) 이 신문은 국민들의 성금을 모아서 만든 ____________ 신문이다.
3) 뿌리를 깊게 내린 나무는 ____________다.

2. (　　　　)에 공통으로 들어갈 알맞은 어휘를 쓰십시오.

• 종이를 (　　　　)(으)로 접었다.
• 밥을 (　　　　)도 먹지 못하고 남겼다.
• 이미 (　　　　)을/를 완성하였다.

(　　　　　　　　　　)

☞ 읽기 전략 - 문학

1) 문학의 특징

문학은 한 개인의 정서와 감정을 표현하여 공감을 얻고자 하는 글이다. 문학은 표현 주체인 '나'가 '나'의 생각을 표현하며 어떤 생각이든 '나'의 생각으로 바꾸어 표현한다. 가끔 기행문에서 '나'가 드러나지 않는 경우도 있다. 그러나 보통 이야기 문학은 생활 언어를 사용하되, '나'의 느낌을 잘 전달할 수 있는 문체를 사용한다. 이야기 문학은 인물과 사건의 구체성을 중요하게 여긴다. 문학에는 짧은 산문, 동화, 수필, 기행문, 편지, 소설 등이 포함된다.

2) 문학 읽기 전략

예시 지문

나는 고등학교에 들어가면서 중학교 때 친하게 지낸 친구들과 헤어졌다. 나는 친구들이 보고 싶어 책걸상을 화장실 청소도구함에 숨긴 뒤 몰래 학교를 빠져나왔다. 그러던 어느 날 책걸상을 들고 가다가 선생님에게 딱 들키고 말았다. 그동안의 일을 안 선생님이 부모님에게 알리는 바람에 나는 무척 혼이 났다.

얼마 뒤 만우절, 등교하다 배가 아파서 병원으로 발걸음을 옮겼다. 의사 선생님은 맹장이라며 수술해야 한다고 했다. 급히 선생님에게 전화를 드렸다.

"선생님! 저 오늘 학교 못 갈 것 같아요. 맹장이래요." "얼른 안 튀어와?"

"선생님! 진짜예요." "자꾸 그러면 엄마한테 전화한다! 빨랑 와!"

병원으로 달려온 엄마는 선생님이 내 말을 믿지 않는다는 이야기를 듣고 직접 나섰다.

"선생님! 저 민경이 엄마예요. 민경이가 맹장이라서요." "아이참! 어머니까지 왜 이러십니까? 아이는 저희가 잘 지도하겠습니다." "선생님, 그게 아니라요." "당장 학교로 보내주세요!"

나의 행실이 엄마까지 거짓말쟁이로 만든 것 같아 너무 죄송했다. 결국 나는 링거액을 들고 학교로 향했다.

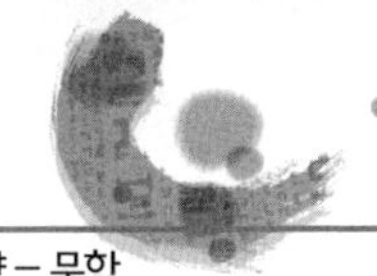

① 인물과 사건 이해하기

문학에는 '나'라는 인물과 주변 인물이 나오며 그 인물들 사이에 벌어지는 사건이 펼쳐진다. 이러한 인물과 사건을 이해하면 문학을 제대로 읽을 수 있다. 여기에서는 학생인 '나'와 선생님 그리고 '나'의 엄마가 인물이다. '나'는 학교에서 선생님 몰래 수업을 빼먹다가 맹장 수술을 하고도 선생님이 믿어주지 않아서 학교에 와야 했던 사건이 펼쳐져 있다.

② 갈등 찾기

문학에서 갈등은 인물들이 겪는 사건 중에서 가장 중요한 사건을 유발하는 장치로써 기능한다. 갈등은 한 인물과 다른 인물 사이에서 생길 수도 있고 한 인물의 마음 안에서 생길 수도 있으며, 인물과 사회 혹은 국가 등 구조적 시스템 사이에서 생길 수도 있다. 위에서 가장 중요한 사건을 유발하는 갈등은 맹장 수술을 한 '나'와 '나'의 말을 믿어주지 않는 선생님 사이에서 발생한다. 즉 '나'와 '선생님' 사이의 갈등이라고 할 수 있다.

③ 인물의 감정 파악하기

문학에서 '나'는 사건을 일으킨 주체이다. 그리고 그 사건으로 인한 '나'의 감정이 이 글을 이해하는 핵심이 된다. 보통 인물의 감정은 글의 뒷부분에서 찾을 수 있다. '나'는 거짓말쟁이였고 그래서 선생님이 엄마의 말조차 믿지 못하게 만들었다. 따라서 '나'의 죄송함이 이 글에 나타난 인물의 감정이 된다.

m.e.m.o.

12. 취미와 여가

12-1 취미와 여가

2㎝ 안의 역사
"광복 60주년 기념 전시회"

• **일시: 2014년 8월 1일 ~ 31일**
• **장소: 서울 광장**

* 주말마다 추억의 편지 쓰기, 엽서 쓰기 행사가 진행됩니다.

01 이 글은 무엇에 대한 글인지 고르십시오.

① 우표 전시회　　② 엽서 전시회
③ 역사 사진전　　④ 광복 사진전

02 이 글의 내용과 다른 것을 고르십시오.

① 이 행사는 한 달 동안 진행한다.
② 주말마다 부대 행사가 함께 진행된다.
③ 이 행사는 전국의 모든 광장에서 이루어진다.
④ 이 행사는 광주 60주년을 기념하기 위해 열린다.

| 어휘 |

• 역사
예 과거의 기록 중에서 역사로 남겨진 것은 일부에 불과하다.

• 광복
예 한국의 광복은 1945년에 이루어졌다.

• 기념
예 생일을 기념하기 위하여 여행을 계획했다.

• 전시회
예 전시회에 갔다가 우연히 학창시절 선생님을 뵈었다.

• 추억
예 그 곳은 우리에게 많은 추억을 제공했다.

• 진행되다
예 일이 계획한 대로 순조롭게 진행되고 있다.

어휘 연습

1. 밑줄 친 곳에 알맞은 어휘를 쓰십시오.

1) 작가의 강연을 들은 후에 ____________ 사진을 찍었다.
2) 흘러간 노래는 ____________이/가 되었다.

2. 밑줄 친 단어와 의미가 비슷한 것을 고르십시오.

평소 하던 대로 회의는 순조롭게 <u>진행되었다</u>.

① 행진했다　　② 이루어졌다
③ 마무리되었다　　④ 이끌리고 있다

12-2 취미와 여가

청소년전통예절교실

■ 청소년을 위한 전통예절교실

청소년들에게 한국의 고전 문화와 전통 예절에 대한 이해를 돕고 삶의 지혜를 알게 하는 등 청소년들의 정서 순화 및 여가 활동 기회를 제공하고자 합니다.

• 운영기간
 - 학기중 : 3월 ~ 7월, 9월 ~ 12월(학기중 토요일 주1회 운영)
 - 방학중 : 8월, 12월
• 장　　소 : 지역 아동센터 및 구립 독서실
• 참가대상 : 한문과 예절에 관심이 있는 관내 거주 초·중·고등 학생
• 학습내용 : 한자교육 및 예절교육
• 수 강 료 : 무료
• 문　　의 : 종로구청 청소년복지과

01 이 글의 목적으로 알맞은 것을 고르십시오.

① 안내　　② 홍보
③ 교육　　④ 판매

02 이 글에 관심을 가질 만한 사람으로 알맞지 않은 것을 고르십시오.

① 대학 신입생 ② 고등학생 학부모
③ 졸업을 앞둔 초등학생 ④ 중학교 진학 예정인 학생

03 이 글의 내용과 같은 것을 고르십시오.

① 교육은 토요일과 일요일에 이루어진다.
② 교육 참가비는 신청 시 수수료만 내면 된다.
③ 궁금한 사항은 각 지역 도서관으로 문의하면 된다.
④ 종로구에 거주하는 초·중·고등학생만 참가할 수 있다.

| 어휘 |

- 한문
  예 고등학교 때 제2외국어로 한문을 배웠다.
- 고전 문화
  예 이 책은 고전 문화에 대한 새로운 연구 방향을 제시하고 있다.
  | 참고 | 고전 문학, 고전 음악, 고전 무용, 고전 미술, 고전 영화, 고전 예술, 고전 작품
- 정서 순화
  예 음악은 정서 순화에 도움이 된다.
- 구립
  예 우리 동네에 구립 청소년 도서관이 새로 생겼다.
  | 참고 | 국립, 도립, 시립

어휘 연습

1. 밑줄 친 곳에 알맞은 어휘를 쓰십시오.
   1) 동양학을 연구하는 사람들은 ____________에 대한 이해가 필수적이다.
   2) 학교 폭력 문제가 증가함에 따라 학생들의 __________을/를 위한 특별 교육 프로그램이 마련되었다.
   3) ___________ 어린이집은 구청의 지원을 받아 운영되기 때문에 부모님들의 경제적 부담이 줄어든다.

13. 매체

13-1 매 체

상상해 보자. 출근 전, 교통사고로 출근길 도로가 심하게 막힌다는 뉴스가 떴다. 소식을 접한 스마트폰이 알아서 알람을 평소보다 30분 더 일찍 ㉠ 울린다. 스마트폰 주인을 깨우기 위해 집안 전등이 일제히 켜지고 커피포트가 때맞춰 물을 끓인다. 식사를 마친 스마트폰 주인이 집을 나서며 문을 잠그자 집안의 모든 전기기기가 스스로 꺼진다.

공상과학 영화에서나 보던 일이 현실에서도 곧 이루어질 전망이다. (㉮) '사물인터넷' 시대가 열리는 것이다. 사물인터넷은 사물에 센서를 부착해 실시간으로 데이터를 인터넷으로 주고받는 기술이나 환경을 일컫는다. (㉯) 하지만 사물인터넷 시대가 열리면 인터넷에 연결된 기기는 사람의 도움 없이 서로 알아서 정보를 주고받으며 대화를 나눌 수 있다.

컴퓨터는 네트워크를 이용해 원격으로 다른 컴퓨터와 정보를 주고받는다. 지금도 우리 주변에서 사물끼리 소통하는 모습을 흔하게 볼 수 있다. (㉰) 근거리무선통신(NFC)을 활용한 가전제품은 사물인터넷이 구현된 사례로 꼽힌다. NFC 칩이 탑재된 세탁기에 스마트폰을 갖다 대면 세탁기 동작 상태나 오작동 여부를 확인하고 맞춤형 세탁 코스로 세탁을 할 수 있다. (㉱) 냉장고는 사람이 굳이 확인하지 않아도 실시간으로 온도를 점검하고 제품 진단과 절전 관리도 척척 해낸다.

사람이 누군가와 대화를 하기 위해 상대방의 얼굴을 바라보거나 이름을 물어보듯, 사물도 서로 대화를 나누려면 상대 기기 아이디나 IP 주소를 알아야 한다. ㉡ 기기끼리 통성명을 나눈 다음에는 어떤 대화를 나눌 것인지 화제를 찾아야 한다. 사람도 대화할 때 뭔가 공통의 관심사를 꺼내서 대화를 나누지 않는가. 사물인터넷에서는 모든 물리적 센서 정보가 화젯거리다.

01 밑줄 친 ㉠과 같은 종류의 어휘가 <u>아닌</u> 것을 고르십시오.

① 깨우다　　② 켜지다
③ 끓이다　　④ 잠그다

02 밑줄 친 ㉡의 의미로 알맞은 것을 고르십시오.

① 두 사물의 아이디와 비밀번호를 확인하여 기기를 서로 교환한다.
② 제품의 모델 번호를 자동으로 감지한 후 제품의 문제점을 찾아낸다.
③ 상대 기기의 종류를 확인한 다음 입력된 명령이 무엇인지 분석한다.
④ 두 사물이 서로 아이디와 IP 주소를 확인하고 물리적 센서 정보를 교환한다.

03 다음 문장이 들어가기에 가장 알맞은 곳을 고르십시오.

보기
지금까지는 인터넷에 연결된 기기들이 정보를 주고받으려면 인간의 조작이 개입돼야 했다.

① ㉮　　② ㉯
③ ㉰　　④ ㉱

04 사물인터넷의 예로 적당하지 <u>않은</u> 것을 고르십시오.

① 인터넷 화상 회의
② 고속도로 통행료 자동 결제 장치
③ 근거리무선통신 칩이 탑재된 세탁기
④ 입은 사람의 건강정보를 병원에 전송해 주는 티셔츠

05 이 글의 내용과 같은 것을 고르십시오.

① 사물인터넷 기술을 활용한 제품이 아직 나오지 않았다.
② 공상과학 영화에 나오는 일들이 실제로 일어나고 있다.
③ 컴퓨터는 네트워크를 통해 원격으로 정보를 주고받을 수 있다.
④ 사물인터넷 시대에는 사람의 개입이 더욱 많아질 것으로 전망된다.

| 어휘 |

• 부착하다

유 붙이다

예 이곳은 주차증을 부착한 차량만 주차할 수 있다.

• 조작

예 신제품은 조작이 간편해서 소비자들의 관심을 끌 만하다.

• 구현되다

예 신기술이 구현된 최신 스마트폰이 곧 출시될 예정이다.

• 탑재되다

예 이번 모터쇼에서 공개된 모델에는 신형 엔진이 탑재되었다.

• 척척

예 신입 사원은 어떤 일이든지 척척 해냈다.

• 화젯거리

예 두 사람의 결혼은 전세계적인 화젯거리가 되었다.

| 참고 | N + 거리 / V(으)ㄹ + 거리: N/V의 내용이 될 만한 소재. 예: 일거리, 웃음거리, 국거리, 반찬거리, 이야깃거리, 볼거리, 먹을거리, 읽을거리

• 초음파

예 초음파 검사는 산모와 아기 모두에게 안전하다.

어휘 연습

1. 밑줄 친 곳에 알맞은 어휘를 쓰십시오.

1) 컴퓨터 프로그램 ____________을/를 잘못해서 파일이 다 날아가 버렸다.

2) 멀지 않은 미래에는 블루투스, 와이파이, 3세대 등과 같은 다양한 접속 기술이 한 기기에서 ____________(으)ㄹ 것이다.

3) 계획했던 일이 ____________ 진행되고 있어 정말 다행이다.

2. 다음 밑줄 친 부분의 쓰임이 나머지 셋과 다른 것을 고르십시오.

① 일거리　　② 길거리

③ 저녁거리　　④ 이야깃거리

13-2 매 체

영화를 선택하는 기준은 사람마다 다르다. 어떤 사람은 오락과 재미를 추구하는 영화를 좋아하고, 또 어떤 사람은 사회 문제나 도덕과 윤리 등에 대한 이야기를 심층적으로 다룬 영화를 선호할 수 있다. (㉠) 그렇다면 영화를 평가할 때 성격을 달리 하는 이 두 가지 기준을 어떻게 적용하는 것이 좋을까. (㉡) 결론은 대중성과 작품성의 적절한 조화이다. (㉢) 지금까지 많은 관객 수를 확보한 영화를 보면 대중성뿐만 아니라 작품성도 함께 갖춘 영화들이 상위권을 차지하고 있음을 알 수 있다. (㉣) 따라서 좋은 영화는 어느 특정 관객층만을 대상으로 만들어진 영화가 아니라 많은 사람들로부터 공감을 불러일으키면서 영화의 예술성을 통해 대중의 마음을 움직여 감동을 줄 수 있는 영화이다.

01 이 글의 제목으로 알맞은 것을 고르십시오.

① 영화의 종류　　② 상업영화의 문제점
③ 예술영화의 중요성　　④ 영화의 대중성과 작품성

02 다음 문장이 들어가기에 가장 알맞은 곳을 고르십시오.

보기

흔히 전자를 대중성을 추구하는 상업영화로, 후자를 작품성을 추구하는 예술영화로 나누기도 한다.

① ㉠　　② ㉡
③ ㉢　　④ ㉣

03 이 글의 내용과 같은 것을 고르십시오.

① 영화는 대중에 많이 의존한다.
② 예술적인 영화가 더 많은 감동을 준다.
③ 영화는 대중성과 작품성의 조화가 중요하다.
④ 영화는 예술성보다 대중적 오락의 성격이 강하다.

어휘

• 추구하다
예 인간은 누구나 행복을 추구할 권리가 있다.
• 심층적
반 표피적
예 새로운 유물의 발견으로 당대 역사에 대한 심층적인 연구가 가능해졌다.
• 선호하다
예 요즘 아파트보다 단독 주택을 선호하는 사람들이 늘고 있다.
• 확보하다
예 백화점은 고객을 확보하기 위해 다양한 마케팅 전략을 활용한다.
• 불러일으키다
예 대통령의 연설은 국민들로부터 많은 공감을 불러일으켰다.

어휘 연습

1. 밑줄 친 곳에 알맞은 어휘를 쓰십시오.

1) 경제적 이익만 ____________다 보면 더 중요한 것을 잃어버릴 수도 있다.
2) 사건의 ____________인 조사를 위해 특별 담당 부서를 신설하기로 했다.
3) 개인적으로 출퇴근할 때는 자가용보다는 대중교통 이용을 ____________(느)ㄴ다.

2. (   )에 공통으로 들어갈 알맞은 어휘를 쓰십시오.

• 떨리는 목소리는 의심을 (   )기에 충분했다.
• 박물관에 전시된 물건들은 아이들의 호기심을 (   )았/었다.
• 광고는 상품에 대한 소비자들의 관심을 (   )(으)ㄹ 수 있어야 한다.

(   )

13-3 매 체

대중문화는 대중사회에서의 (   )을/를 전제로 한다. 대중사회가 형성되고, 생활과 교육 수준의 향상, 매스컴의 발달과 함께 더불어 대중의 문화는 대량으로 만들어지고 빠르게 확산되었다. 신문, 라디오, TV, 영화, 비디오, 잡지, 만화, 전자오락, 인터넷 등 이런 미디어들이 이 문화의 확대재생산에 기여했다.

이들의 공통적인 특징은 불특정 다수인 대중에게 간접적이고 일방적으로 정보를 주며, 그 속으로 그들을 끌어들인다는 것이다. 그들은 민주적이며 인기를 중요하게 여긴다. 많은 사람들이 저질문화, 삼류문화, 통속문화라고 비난해도 오늘날 이들의 영향력은 대단히 크다. 대중들은 긍정적이든 부정적이든 이들로부터 큰 영향을 받는다. 대중문화는 상품화, 획일화, 통속화의 경향을 지향한다. 그러므로 문화는 학습되고 전수되지만 대중문화는 돈이 안 되면 저절로 사라진다.

01 이 글의 제목으로 알맞은 것을 고르십시오.

① 대중문화의 대상　　② 대중문화의 목적
③ 대중문화의 방법　　④ 대중문화의 특징

02 (   )에 들어갈 알맞은 것을 고르십시오.

① 정보의 과잉 공급　　② 원활한 생산과 소비
③ 대량생산과 대량소비　　④ 매스컴과 미디어 환경

03 이 글의 내용과 같은 것을 고르십시오.

① 대중문화는 소수의 의견을 존중한다.
② 대중문화는 자본을 바탕으로 전수되는 경향이 있다.
③ 대중 매체는 소수 특정 집단에 간접적으로 정보를 제공한다.
④ 텔레비전이나 라디오 등과 같은 매체는 대중문화 확산을 제한한다.

어휘

• 전제

예 이번 협상은 양 측의 신뢰를 전제로 개최된다.

• 기여하다

예 전기 자동차는 대기 오염을 줄이는 데 크게 기여할 것이다.

• 불특정 다수

예 불특정 다수를 대상으로 한 테러가 세계 곳곳에서 발생하고 있다.

• 획일화

반 다양화

예 교육 제도의 획일화에 반대하는 목소리가 커지고 있다.

• 지향하다

반 지양하다

예 전쟁을 지양하고 세계 평화를 지향하는 단체의 목소리가 커지고 있다.

• 전수되다

예 김치 담그는 비법이 집안 대대로 전수되고 있다.

어휘 연습

1. 밑줄 친 곳에 알맞은 어휘를 쓰십시오.

1) 두 사람은 결혼을 ____________(으)로 만남을 이어가고 있다.

2) 그의 철학과 역사의식이 오랜 세월 제자들에게 ____________고 있다.

2. 밑줄 친 단어와 의미가 상반되는 것으로 각각 고쳐 쓰십시오.

새로운 교육 과정은 <u>획일화</u>를 <u>지양하고</u> 각 학생들의 능력과 적성을 고려하였다.

(,)

m.e.m.o.

14. 사회

14-1 사 회

자녀 없이 성인으로만 구성된 가구가 급증하고 있는 등 한국의 가구 구조가 급격하게 변화하고 있다. 이와 같은 가구 구조의 변화는 소득의 불균형이라는 사회 현상과 밀접하게 연관되어 있다고 한국 보건 사회 연구소는 밝혔다.

(㉠) 한국 보건 사회 연구소의 '가구 구성 변화와 소득불평등과 정책적 함의'란 연구 보고서에 따르면 전체 가구에서 아동 없이 성인 2명으로만 구성된 가구가 차지하는 비중이 가장 많이 증가했다. (㉡) 또한 이 연구에서는 이러한 가구 구조의 변화에 따른 소득 관계를 연구하였는데, 가족 구성원의 연령에 따라 소득 격차가 심하게 벌어지는 것으로 나타났다. (㉢) 아동 없이 20~40대의 2인 가족 구성원으로 이루어진 경우, 월평균 소득은 600~1000만원으로 나타났으나, 60대 이상의 2인 가족 구성으로 이루어진 가구의 월평균 소득은 100~200만원으로 나타나, 소득 불균형 현상이 심한 것으로 나타났다. (㉣) 또한 같은 20~40대의 경우에도 아동이 있는 가정의 경우는 300~600만원으로 아동이 없는 가정보다 월평균 소득이 낮아지는 것으로 나타났다. 이는 아이가 있는 가정의 경우, 성인 여성의 근로 활동이 활발하지 못한 것으로 연구소는 그 원인을 찾고 있다. 즉 아이가 있는 여성은 육아로 인한 시간제 근무나 비정규직 등의 근무 형태가 많아져 소득이 낮아진다는 것이다. 이러한 연구 결과는 저출산의 원인과 현상을 보여주는 것으로, 정부의 저출산에 대한 양적·질적 개선 방안이 시급하게 시행되어야 한다는 것을 시사하고 있다.

01 이 글의 주제로 가장 알맞은 것을 고르십시오.

① 저출산에 대한 정책적 배려가 필요하다.
② 가구 조성에 대한 정책적 배려가 필요하다.
③ 노인문제에 대한 정책적 안배를 해야 한다.
④ 심각한 사회문제에 대한 정책이 마련되어야 한다.

02 다음의 문장이 들어가기에 가장 알맞은 곳을 고르십시오.

보기

이는 고령화 사회가 빠르게 진행되고 있는 사회의 대표적 현상으로 지적된다.

① ㉠　　② ㉡

③ ㉢　　④ ㉣

03 이 글의 내용과 다른 것을 고르십시오.

① 저출산으로 가구 구성이 달라졌다.

② 성인만으로 구성된 가구가 늘고 있다.

③ 아동이 있는 가정의 월평균 소득이 낮아지고 있다.

④ 자녀 없이 성인 2명만으로 구성된 가구가 줄고 있다.

어휘

- 급증하다
  - 반 급감하다
  - 예 근래 들어 한국 사회에 노인 인구가 급증하였다.
- 소득
  - 유 월급
  - 예 빌게이츠는 세계에서 소득이 가장 높은 사람이다.
- 추진하다
  - 예 정부는 유가 상승에 대비하여 대안에너지 사업을 추진하고 있다.
- 고려하다
  - 유 생각하다
  - 예 파리 유학은 충분히 고려하여 결정한 일이다.
- 원인
  - 반 결과
  - 예 그녀는 요즘 원인 모를 두통에 시달리고 있다.
- 현상
  - 예 도심에서는 일상적으로 교통체증 현상이 나타난다.

어휘 연습

1. 다음 밑줄 친 부분에 알맞은 단어나 표현을 쓰십시오.

   1) 한국 문화의 해외 흥행으로 인해 한국어 학습자가 ____________았/었/였다.
   2) 서울시는 마을 사업을 ____________아/어/여 시민의 일자리를 창출하고자 한다.
   3) 상대편의 편의를 충분히 ____________아/어/여 주십시오.

2. (   )에 공통으로 들어갈 알맞은 어휘를 쓰십시오.

   - 그는 (   ) 수준이 높다.
   - 이 달에는 (   )이/가 많은 편이다.
   - 정부는 불로(   )에 높은 세금을 부과했다.

   (   )

14-2 사 회

식당의 소음이 심각한 상태다. 현대식 식당의 점심시간 소음은 평균 85 데시벨인 것으로 밝혀졌다. 이것은 기찻길에서 100m 떨어진 곳에 식탁을 놓고 식사하는 것과 같다. 소음 수치가 85 데시벨이면 여섯 사람이 식사하면서 함께 대화를 나누는 것이 불가능하고 세 명씩 나누어서 대화를 해야 한다. 그나마 카펫이 깔린 옛날식 식당은 소음 수치가 70 데시벨로 낮다. 70 데시벨이면 비행기 활주로 구석에서 (   )과 같다. 소음 수치가 높으면 인체에도 타격을 줄 수 있다. 80 데시벨 이상의 식당에서 대화를 나누면 목이 아프고 이런 일이 지속되면 후두염에 걸릴 확률이 높아진다. 85 데시벨 이상의 소음 환경에 오래 노출되면 청각이 손상될 우려가 있다고 한다.

01 이 글의 주제로 가장 알맞은 것을 고르십시오.

① 식당의 소음이 심각하다.　　② 소음은 후두염을 유발한다.
③ 소음은 청각을 손상시킨다.　　④ 소음은 인체에 영향을 미친다.

02 (   )에 들어갈 내용으로 알맞은 것을 고르십시오.

① 차를 세워 놓고 데이트를 하는 것
② 꽃다발을 건네며 청혼을 하는 것
③ 신문지를 깔아놓고 잠을 청하는 것
④ 돗자리를 깔아놓고 김밥을 먹는 것

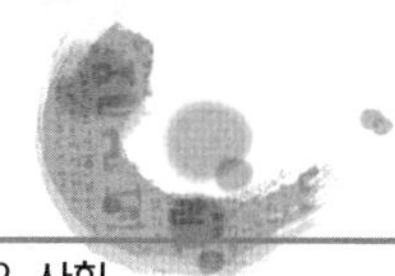

어 휘

- 타격

  예 경기 침체로 많은 회사들이 큰 타격을 입고 있다.

- 후두염

  예 후두염에 걸렸을 때는 목이 건조해지지 않도록 따뜻하거나 미지근한 물을 자주 마시는 것이 좋다.

  |참고| N+염: N(신체 부위)에 생기는 염증

  예) 폐렴, 간염, 비염, 위염, 피부염, 관절염, 기관지염, 중이염

- 청각

  예 이어폰으로 음악을 크게 듣는 습관은 청각에 나쁜 영향을 미칠 수 있다.

  |참고| 오감: 시각, 청각, 촉각, 후각, 미각

- 손상되다

  예 잦은 파마로 인해 머리카락이 심하게 손상되었다.

- 우려

  예 도시 개발로 자연 환경의 상당 부분이 파괴될 우려가 있다.

어휘 연습

1. 다음 밑줄 친 부분에 알맞은 단어나 표현을 쓰십시오.

   1) 이번 일로 정신적인 __________을/를 받았다.
   2) 잦은 소비자 고발로 인해 회사의 이미지가 __________았/었/였다.
   3) 공공기업의 전면 파업은 대량 실업 사태를 불러 올 __________이/가 있다.

2. 관계있는 어휘를 찾아 연결하십시오.

① 후각 •	• 중이염
② 촉각 •	• 피부염
③ 청각 •	• 비염

14-3 사 회

언제부터인지 언론에서 복지 시설을 꼭 연말연시에만 찾는다는 비난의 목소리가 있다. 평소에는 찾지 않고 연말연시나 명절 때만 찾는다는 이야기다. 맞는 말이다. 평소에 자주 찾고 연말연시에는 찾지 않으면 ㉠ 좋으련만 그렇지를 못하고 있다. 잊고 있다가, 아니면 하는 일이 바쁘다 보니까 연말연시에 생각나서 찾게 된다. ㉡ 이런 행태에 한마디 하려다가 혹 평소에 생계를 책임지느라 바쁜 사람들한테 좀 찾아오라는 말이 비난 받지는 않을까 싶었고, 또는 인내하며 기다리다 보면 연말연시에만 기억나서 찾아오는 이들도 미안한 생각에 평소에도 찾으리라는 생각이 들어 그만 접어 두었다. 그러나 우리는 일 년 내내 바쁘게 살다가 잊고 만다. 이제는 연말연시에도 찾지 않는다. 또 선거법에 기부금 내는 것도 금하고 있어 정치인들은 무척 조심한다. 복지시설 찾아 기부하는 것은 선거법에서 제외되어야 한다.

01 밑줄 친 ㉠의 의미로 알맞은 것을 고르십시오.

① 좋고
② 좋아서
③ 좋으니
④ 좋겠는데

02 밑줄 친 ㉡이 지시하는 것을 찾아 쓰십시오.

03 이 글의 내용과 같은 것을 고르십시오.

① 연말연시에만 복지시설을 찾아야 한다.
② 연말연시라도 복지시설을 찾아야 한다.
③ 연말연시에 복지시설을 찾으면 안 된다.
④ 연말연시에 복지시설을 찾는 것을 금지해야 한다.

어휘

• 언론

예 요즘 연예인들은 언론을 통해 자신의 연애를 당당하게 공개한다.

• 복지시설

예 덴마크는 복지시설이 잘 갖추어진 나라로 알려져 있다.

• 연말연시

예 연말연시 백화점 정기 세일로 하루 종일 도로가 막힌다.

• 행태

예 행정기관의 비도덕적인 행태에 시민들의 불만의 목소리가 높다.

• 인내

유 참을성

예 그는 강한 인내로 어려움을 이겨냈다.

• 금하다

유 금지하다

반 허용하다

예 모든 학교는 음주와 흡연을 금하고 있다.

어휘 연습

1. 다음 밑줄 친 부분에 알맞은 단어나 표현을 쓰십시오.

   1) 그 사건은 ____________의 표현의 자유를 빼앗는 일이라고 주장했다.

   2) 서울시는 장애 아동을 위한 ____________을/를 늘리기로 했다.

2. 밑줄 친 단어와 의미가 상반되는 것을 고르십시오.

의회에서 국제회의 참석을 <u>금하면</u> 이 일을 알릴 방법이 없다.

   ① 허기지면　　② 허용하면

   ③ 허다하면　　④ 허무하면

☞ 읽기 전략 - 기사문

1) 기사문의 특징

기사문은 실제 사건이나 상황을 신문, 잡지, 방송 등을 통해 독자나 시청자에게 빠르고 정확하게 알려 주기 위해 쓰는 글이다. 기사문의 목적은 사실을 그대로 알리는 것이므로 긴 설명이나 수식이 필요하지 않으며 쉽고 빠른 이해를 위해 간결하고 정확한 문장으로 표현된다. 기사문의 제목을 보면 기사의 소재와 내용을 대강 추측할 수 있으며, 본문 내용은 '누가, 언제, 어디에서, 무엇을, 어떻게, 왜'의 육하원칙에 근거하여 작성된다. 따라서 기사문을 읽을 때에는 제목에서 글의 소재와 내용을 추측하고 본문에서는 육하원칙에 따라 세부 내용을 파악하는 것이 중요하다.

2) 기사문 읽기 전략

예시 지문

■ 앨리스 먼로, 단편 작가 최초로 노벨문학상 수상 ■

어제 열린 노벨문학상 수상식에서 앨리스 먼로는 단편 작가 최초의 노벨문학상 수상자가 됐다. 앨리스 먼로는 수상 소감 인터뷰에서 "노벨문학상 수상이 많은 캐나다인들을 기쁘게 할 것을 생각하니 특히 기쁘고, 캐나다 문단이 더 많은 주목을 받게 될 테니 또한 기쁘다."고 전했다. 캐나다 전역은 앨리스 먼로의 노벨문학상 수상 소식으로 열기가 뜨겁다. 평생 단편 창작에 몰두한 앨리스 먼로는 지금까지 『내가 너에게 말하려 했던 것』, 『공공연한 비밀』, 『떠남』을 비롯한 열두 권의 단편집을 발표했으며, 다수의 작품들이 전 세계 13개국 언어로 번역 출간되었다. 노벨상 심사위원회는 "작가들이 평생에 걸쳐 이룩하는 작품의 깊이와 지혜, 정밀성을 모든 작품마다 성취해 냈다."라고 선정 이유를 밝혔다.

① 기사 제목

기사 제목을 보면 기사의 소재와 중심 내용을 어느 정도 파악할 수 있다. 위 기사의 제목에 따르면 해당 기사는 노벨문학상에 대한 것이며, 앨리스 먼로가 단편 작가 최초로 노벨문학상을 수상했다는 게 중심 내용이 될 것임을 미리 추측할 수 있다. 기사 전체 내용을 짧은 제목만으로 가장 명확하게 전달할 수 있어야 하기 때문에 기사

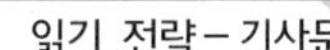

제목은 직접적 방식이 아닌 함축적이고 상징적으로 표현되는 경우가 종종 있다.

때 이른 더위, 수박·아이스크림 등 여름 상품 '불티'

예를 들어 위와 같은 기사 제목으로 알 수 있는 것은 기사가 여름 더위와 관련 상품 소비에 대한 것이며, 중심 내용은 일찍 찾아 온 여름 더위로 관련 상품이 불티나게 잘 팔리고 있다는 내용일 거라는 것이다. 기사 세부 내용으로는 여름이 시작되는 구체적인 평균 시기와 이번 여름의 비교를 통해 올 여름이 일찍 시작되었으며, 이에 따라 사람들이 수박이나 아이스크림 등 여름 상품들을 예년에 비해 일찍 소비하고 있는 현상을 자세히 전달할 것임을 예상할 수 있다.

② 육하원칙

기사 본문은 기사의 소재와 주제에 대해 보통 '누가, 언제, 어디에서, 무엇을, 어떻게, 왜'라는 여섯 가지 근거, 즉 육하원칙을 바탕으로 작성된다. 이 여섯 가지를 중심으로 기사를 읽으면 기사의 전체 내용을 정확하게 파악하는 데 도움이 된다. 노벨문학상에 대한 위 기사를 육하원칙으로 분석하면 다음과 같이 정리할 수 있다.

- 누가 : 앨리스 먼로
- 언제 : 어제
- 어디에서 : 노벨문학상 수상식
- 무엇을 : 노벨문학상
- 어떻게 : 단편 작가 최초로 수상
- 왜 : 작가들이 평생에 걸쳐 이룩하는 작품의 깊이와 지혜, 정밀성을 모든 작품마다 성취함

육하원칙에 따라 기사 내용을 '앨리스 먼로가 어제 노벨문학상 수상식에서 단편 작가 최초로 노벨문학상을 수상했으며, 수상 이유는 보통 작가들이 평생에 걸쳐 이룩하는 작품의 깊이와 지혜, 정밀성을 모든 작품마다 성취했기 때문이다.'라고 간단하게 정리할 수 있다. 이밖에 작가의 수상 소감이라든지 대표 작품 등 세부 내용도 파악할 필요가 있다.

m.e.m.o.

부 록

읽 기

※ [1 ~ 2] (　　)에 들어갈 가장 알맞은 것을 고르십시오. (각 2점)

01 저는 매일 (　　　　　　　　) 샤워를 합니다.

① 일어나자마자　　② 출근하니만큼
③ 식사하느라고　　④ 운동하는 데다가

02 하루 종일 밖에 있어서 (　　　　　　　　) 아이는 집으로 들어가지 않으려고 한다.

① 피곤할뿐더러　　② 피곤할 텐데
③ 피곤하다시피　　④ 피곤할까 봐

※ [3 ~ 4] 다음 밑줄 친 부분과 의미가 비슷한 것을 고르십시오. (각 2점)

03 여성들이 경력 단절 때문에 출산을 <u>꺼리는군요</u>.

① 원하는군요　　② 권하는군요
③ 장려하는군요　　④ 마다하는군요

04 지나치게 서두르다 보면 <u>일을 그르치기 십상이다</u>.

① 일을 망치기 쉽다　　② 일로 바쁠 겁니다
③ 일에 신중할 필요가 있다　　④ 일이 이렇게 어려울 줄 몰랐다

※ [5 ~ 8] 다음은 무엇에 대한 글인지 고르십시오. (각 2점)

05

호숫가를 따라 즐기는 벚꽃 산책,
봄의 기운을 마음껏 느껴 보세요!

① 음식　　② 쇼핑
③ 운동　　④ 여행

06

친환경 도자기전 에 초대합니다.
이전에 볼 수 없었던 독특한 디자인의 도자기를
만나는 시간!

① 연극　　② 전시회
③ 영화　　④ 뮤지컬

07

향상된 그래픽 성능,
빠른 속도와 놀라운 성능,
화면을 열면 자동으로 부팅 시작,
종이를 읽는 것 같은 편안한 화면,
혁신적인 초경량 무게와 초소형 크기!

① 컴퓨터　　② 세탁기
③ 휴대폰　　④ 텔레비전

08

제15차 희망 도서가 도착하였습니다.

신청한 도서가 없는 경우는 선정 기준에 따라 취소된 경우이며,
취소 사유는 홈페이지 신청 코너에서 검색하실 수 있습니다.
궁금한 사항은 정보자료과로 문의하시기 바랍니다.

① 은행　　② 부동산
③ 보건소　　④ 도서관

※ [9～12] 다음 글 또는 도표의 내용과 같은 것을 고르십시오. (각 2점)

09

제21회 인제 빙어 축제

끝없는 얼음 벌판 위 끝없는 즐거움!
온 가족이 자연 속에서 함께 즐기는 빙어 낚시!
아이와 함께 스키도 타고 썰매도 타고!

• 장소 : 인제 남면 부평리 소양호
• 기간 : 1월 27일(수) ～ 1월 31일(일)
• 행사 참여에 필요한 낚시 도구와 썰매는 무료 제공(단, 스키 장비는 개인 지참)

※ 본 행사는 기후 조건에 따라 일정이 변경될 수 있습니다.

① 행사는 사흘 동안 계속된다.
② 행사 기간은 날씨에 따라 바뀔 수도 있다.
③ 아이는 스키와 썰매만 탈 수 있고 낚시는 할 수 없다.
④ 행사에 필요한 모든 물건은 개인이 따로 준비해야 한다.

10 개인정보 관련 설문 결과

▶본인 개인정보의 중요성에 대한 인식

보통이다 5.5%
중요하지 않다 0.7%
매우 중요하다 55.8%
중요하다 38.0%

▶개인정보 유출경험

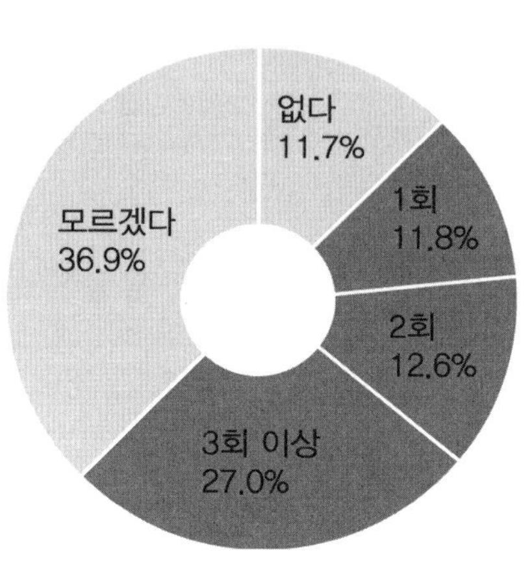

① 개인정보는 절대적으로 보호되고 있다.
② 모든 사람들이 개인정보가 중요하다고 생각한다.
③ 자신의 개인정보가 빠져나간 사실을 모르는 사람들도 있다.
④ 개인정보를 보호하려면 스스로 그 중요성에 대해 잘 알고 있어야 한다.

11

날씨가 추워지는 한겨울이면 거리에서 부츠를 신고 있는 여자들을 흔히 볼 수 있다. 다른 신발에 비해 따뜻하기 때문에 많은 사람들에게 인기가 있다. 하지만 부츠를 너무 오래 신으면 발 건강을 해칠 수 있다. 짧게는 발목, 길게는 무릎 위까지 오는 길이 때문에 바람이 신발 안까지 잘 통하지 않아 곰팡이 균이 생기기 쉽고 무좀에 걸릴 수 있기 때문이다.

① 부츠는 언제나 신을 수 있는 신발이다.
② 부츠를 잘못 신으면 무좀에 걸릴 수 있다.
③ 따뜻한 겨울을 보내려면 부츠를 신어야 한다.
④ 다른 신발들이 부츠보다 사람들에게 인기가 많다.

12

> 요즘 많은 사람들이 등산을 한다. 서울에는 사람들의 주거지와 그리 멀지 않은 곳에 산들이 있다. 산 밑에서 정상에 오르기까지 몇 시간이면 충분하다. 등산로를 따라 오르면서 자연을 감상하고 맑은 공기도 마신다. 단지 집과 가까운 곳에 있는 산에 가는 것만으로 스트레스를 풀고 건강도 챙기는 셈이다.

① 건강을 위해 등산을 해야 한다.
② 주거지와 가깝지 않은 곳에 등산로가 있다.
③ 등산을 하면 몸이 건강해지고 기분도 좋아진다.
④ 스트레스를 풀려면 등산보다 집에서 쉬는 게 낫다.

※ [13 ~ 15] 다음을 순서대로 맞게 나열한 것을 고르십시오. (각 2점)

13

> (가) 환경을 보호하고 자원을 재활용하자는 목적이다.
> (나) 그런데 최근 우리 아파트에서 분리수거를 실시하기 시작했다.
> (다) 이 제도를 실시한 이후 아이들에게도 분리수거를 가르치고 있다.
> (라) 그동안 종이, 병, 캔 등 재활용이 가능한 쓰레기가 그냥 버려졌다.

① (라) - (나) - (가) - (다)　　② (라) - (나) - (다) - (가)
③ (다) - (가) - (라) - (나)　　④ (다) - (라) - (나) - (가)

14

> (가) 그러나 권장량 이상으로 섭취하면 건강에 치명적이다.
> (나) 소금은 사람의 몸에 필요한 필수 성분이다.
> (다) 그래서 사람들 사이에서 덜 짜게 먹자는 캠페인이 유행하고 있다.
> (라) 특히 고혈압, 당뇨와 같은 성인병의 주요 원인이 소금의 과다 섭취 때문인 것으로 밝혀졌다.

① (나)-(가)-(라)-(다)　　② (나)-(라)-(가)-(다)
③ (다)-(라)-(가)-(나)　　④ (라)-(나)-(가)-(다)

15

> (가) 이것을 특별히 역사 탐방이라고 부른다.
> (나) 방학동안 학생들은 궁궐이나 박물관, 역사 유적지 등을 방문하는 일이 많다.
> (다) 이 때 역사 전문가의 설명을 들으면서 관람할 수 있으면 더 좋다.
> (라) 유물들을 보면서 설명도 듣기 때문에 효과적인 역사 공부를 기대할 수 있다.

① (다)-(라)-(가)-(나)　　② (나)-(라)-(다)-(가)
③ (다)-(라)-(나)-(가)　　④ (나)-(가)-(다)-(라)

※ [16 ~ 18] 다음을 읽고 (　　)에 들어갈 내용으로 가장 알맞은 것을 고르십시오. (각 2점)

16

> 우리 동네 도서관에서 아이들이 점차 책을 대여해 가는 일이 줄어 고민이었다. 누군가 '독서 계획표'를 만들자고 제안했다. 그 계획표에 아동들은 일정한 시간 내에 도서관에서 제시한 책들을 모두 읽었는지 표시하는 것이다. 그러면 도서관에서는 상으로 공책이나 연필을 주었다. 이후 아이들이 전보다 많은 책을 대여하고 읽기 시작하였다. (　　　　　　　　) 아이들에게 성취감을 주기 때문인 것 같다.

① 도서관에서 공부하는 일이
② 독서의 중요성을 아는 일이
③ 책을 다 읽고 표시하는 일이
④ 책을 빌리러 도서관으로 가는 것이

17

> 다른 사람의 힘든 사정을 이해하고 위로할 줄 아는 태도는 사회의 분위기를 따뜻하게 만드는 중요한 요소이다. 만약 사회 구성원 대부분이 타인의 일에 무관심하다면 이 세상은 더 없이 삭막해질 것이다. 이러한 일을 피하기 위해 어릴 때부터 타인의 입장에서 생각할 줄 아는 공감 능력을 길러야 한다. 이 공감 능력은 가정에서 먼저 길러진다. 그러나 공감 능력은 (　　　　　　　　　　). 학교와 사회에서도 학생들에게 특별히 가르쳐야 할 미덕이다.

① 가정의 교육에만 맡길 일은 아니다.
② 가정에서의 교육을 믿으면 안 된다.
③ 가정에서 잘못된 교육을 할 수 있다.
④ 학교와 사회에서 더 좋은 교육을 할 수 있다.

18

> 한국의 전통 공예품은 매우 실용적이고 소박하기로 유명하다. 또한 작품에 그려 넣은 그림이나 만들어 넣은 문양이 독특하다. 꽃, 나무, 구름, 새 등 자연 친화적인 소재가 주로 사용되었다. 또 큰 동물 중에 웃고 있는 호랑이를 자주 등장시켰다. 그 모습이 친근하고 해학적이다. 전통 공예품에서 조상들의 (　　　　　　　　　　) 인생관을 엿볼 수 있다.

① 웃음을 좋아하는
② 공예품의 가치를 중요시하는
③ 호랑이와 같은 동물을 사랑하는
④ 자연을 사랑하고 여유롭게 사물을 대하는

※ [19 ~ 20] 다음을 읽고 물음에 답하십시오. (각 2점)

사람의 지능을 갖추고 그 기능을 수행하는 컴퓨터 장치를 인공지능이라고 한다. 이것 때문에 사람들의 생활은 많이 편리해졌다. 각종 최신 전자 제품, 자동차나 비행기 그리고 이동 수단에 다는 위치 추적 시스템 등에 이르기까지 인공지능은 많은 곳에 쓰이고 있다. 또한 사람들은 자기들이 해야 할 역할을 인공지능이 더 정확하고 빠르게 해낸다고 생각한다. (　　　　　) 사람의 판단력과 기술력을 무시하고 이것에만 의존하면 큰 위험을 겪을 수도 있다. 인공지능이 비행기나 열차 등과 같은 교통수단에서 미세한 오작동만 일으켜도 커다란 사고를 유발할 수 있기 때문이다.

19 (　　　)에 들어갈 알맞은 것을 고르십시오.

① 그러나　　　　② 그리고

③ 하물며　　　　④ 게다가

20 이 글의 내용과 같은 것을 고르시오.

① 인공지능 사용을 자제해야 한다.

② 인공지능이 발달할수록 사람들은 곤란을 겪는다.

③ 사람들은 인공지능이 더욱 발달해야 한다고 생각한다.

④ 인공지능을 너무 믿으면 사람들이 위험에 빠질 수 있다.

※ [21 ~ 22] 다음을 읽고 물음에 답하십시오. (각 2점)

오늘날도 아이들은 부모의 말과 행동으로부터 가장 먼저 배운다. 하지만 대부분의 부모들은 (　　　　　　　　) 부분에서 부족한 점이 많다. 특히 평상시의 생활에서 더욱 그렇다. 만약 아이들에게 공부하는 자세를 가르친다면 먼저 자신이 공부하는 모습을 보여야 한다. 올바른 생활 태도를 가르치면서 자신의 생활은 불규칙하게 하고, 꾸준한 독서를 강조하면서 자신은 날마다 술을 마시고 텔레비전을 보면서 시간을 보낸다면 아이들에게 아무리 '시간을 아껴 쓰고 공부를 열심히 하라'고 말해도 통할 수가 없다. 자신의 행동과 가르침 사이에 거리가 있다면 아이들에게 진정한 가르침을 줄 수는 없다.

21 (   )에 들어갈 알맞은 것을 고르십시오.

① 꾸준하게 독서하는
② 아이들과 의사소통하는
③ 가르침과 행동이 일치해야 하는
④ 아이들의 언어 습관을 바로 잡는

22 이 글의 중심 생각을 고르십시오.

① 부모가 먼저 공부해야 한다.
② 부모는 아이들을 가르칠 수 없다.
③ 대부분의 부모들은 자녀들과 소통이 안 된다.
④ 부모는 말만이 아니라 행동으로 가르쳐야 한다.

※ [23 ~ 24] 다음을 읽고 물음에 답하십시오. (각 2점)

> 현대인의 대표적인 기호 식품이 된 커피는 그 종류도 무척 다양한데 그 중 가장 고급으로 꼽히는 것이 루왁 커피이다. 루왁은 인도네시아, 필리핀 등 동남아시아 지역에서 서식하는 사향 고양이로, 이 고양이의 배설물로 나온 커피 열매는 특유의 풍미와 맛을 가지고 있고 그 양이 매우 한정되어 있기 때문에 커피 애호가에게 최고급 커피로 평가 받고 있다. 그런데 한 영화에서 이 커피에 대한 이야기가 나온 후, 많은 사람들에게 알려져 루왁 커피에 대한 수요가 점점 증가하고 있다. 수요가 늘자 루왁 커피를 생산하는 일부 농장에서는 사향 고양이를 비좁은 우리에 가둬 놓고 대규모로 강제 사육하고 있다. 자유롭게 커피 열매를 따 먹던 사향 고양이가 루왁 커피를 생산하기 위한 기계가 되어 버린 것이다. 우리에 갇힌 사향 고양이는 심한 스트레스로 이상 행동을 보이거나 수명이 단축되기도 한다. 이에 국내외 여러 동물보호단체에서는 이를 동물 학대로 보고 루왁 커피의 생산과 판매 금지를 요구하는 운동을 벌이고 있다.

23 이 글에 나타난 필자의 태도로 알맞은 것을 고르십시오.

① 루왁 커피를 적극적으로 홍보하고자 한다.
② 루왁 커피의 생산과 판매에 대해 비판적이다.
③ 고양이에 대한 사람들의 관심을 호소하고 있다.
④ 커피는 장점보다 단점이 더 많다고 생각하고 있다.

24 이 글의 내용과 같은 것을 고르십시오.

① 루왁 커피의 소비가 줄고 있다.
② 모든 고양이가 루왁 커피를 생산한다.
③ 공급에 비해 소비가 많아서 문제가 발생했다.
④ 루왁 커피의 생산과 판매를 중단하기로 결정되었다.

※ [25 ~ 27] 다음은 신문 기사의 제목입니다. 가장 잘 설명한 것을 고르십시오. (각 2점)

25

때 이른 더위, 수박·아이스크림 등 여름 상품 '불티'

① 여름에는 수박이나 아이스크림이 잘 팔린다.
② 여름철에는 수박이나 아이스크림 값이 오른다.
③ 더위가 일찍 시작되어 수박이나 아이스크림이 잘 팔린다.
④ 더위가 일찍 시작되어 수박이나 아이스크림 값이 크게 올랐다.

26

월급날 건강보험료 폭탄 '부글부글'

① 월급날 건강보험료를 많이 지불했다.
② 건강보험회사에 폭탄 테러가 일어났다.
③ 건강보험료 때문에 회사가 꽤 시끄러웠다.
④ 건강보험료가 많이 올라 월급날 화가 났다.

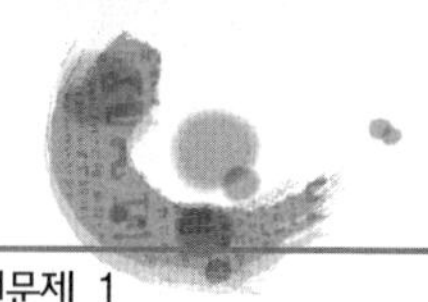

27

"5일 연체쯤이야" 얕보다 큰 코 다친다

① 5일쯤 연체하면 콧병이 날 수 있다.
② 5일쯤 연체하는 것은 별일이 아니다.
③ 5일 연체는 보통 있을 수 있는 일이다.
④ 5일 연체하는 것을 가볍게 생각해서는 안 된다.

※ [28 ~ 31] 다음을 읽고 ( )에 들어갈 내용으로 가장 알맞은 것을 고르십시오. (각 2점)

28

한식의 세계화는 어느 수준에 와 있을까? 결론부터 말하면 아직도 가야 할 길이 멀다. 특히 일식과 비교하면 한참 뒤떨어져 있음을 부인하기 어렵다. 음식점 수는 차치하고 손님 구성부터 차이가 난다. 고급 음식으로 입지를 굳힌 일식은 현지인을 비롯한 다양한 나라 사람들로부터 사랑받고 있지만, 한식당의 손님 대부분은 유학생과 주재원 등 한국인이다. 메뉴도 마찬가지다. 일식당은 어디를 가든 비슷한 반면, 한식당은 그야말로 ( ). 정통 한식을 취급하는 곳도 있지만, 분식점에 가까운 곳도 있고, 심지어는 한식 외에 일식이나 중식을 함께 취급하는 곳도 많다.

① 독점적이다
② 들쭉날쭉이다
③ 천편일률적이다
④ 국내와 동일하다

29

브로콜리는 요리법에 따라 장점이 사라질 수 있다. 전문가들은 브로콜리를 오래 삶거나 끓이면 항암 효과가 약화되고, 생 브로콜리를 먹으면 '장'이 자극되기 쉽다고 한다. 전문가들은 ( ) 권한다. 잘게 썰어서 100 ℃ 이하의 물에 2~3분간 넣었다가 건져내면 영양소는 살리고 부작용은 최소화할 수 있다.

① 요리하지 않고 먹도록
② 가볍게 볶는 요리 방법을
③ 브로콜리 섭취를 줄이도록
④ 가볍게 데치는 요리 방법을

30

휴리스틱(heuristic)은 최근 주목을 받고 있는 행동경제학의 개념이다. 기존의 경제학에서는 인간을 합리적·이성적 존재, 일관된 선호로 효용의 극대화를 추구하는 존재로 가정한 반면에 행동경제학에서는 인간을 이성과 감성을 가진 존재로, 상황에 따라 선호하는 것이 달라지면 효용의 극대화와 무관하더라도 자신이 원하는 대안을 선택하는 존재라고 가정한다. 이러한 행동경제학에서 휴리스틱은 이성과 합리성보다는 (   ) 의미한다. 이는 불완전한 정보를 토대로 판단을 내리는 것을 의미하기 때문에 한쪽으로 치우친 잘못된 결정이 내려질 수 있는 단점을 가지고 있다.

① 잘못된 결정을 내리는 단점을
② 효용의 극대화를 추구하는 인간을
③ 직감이나 직관으로 문제를 해결하는 방식을
④ 상황과 무관하게 늘 일관된 것을 추구하는 것을

31

전통 사회에서는 일과 놀이가 엄격히 구분되었다. 일을 할 때에는 쉬지 않고 열심히 일에 집중하였으며, 놀이를 할 때는 그야말로 일에서 해방된 듯 자유를 만끽하며 놀이를 즐겼다. 하지만 일의 효율성 측면에서 이러한 구분이 긍정적인 영향을 미치지 않음에 따라 점점 (   ) 분위기로 전환되고 있다. 그런데 미래에는 이러한 균형이 다시 한번 깨지면서 일과 놀이의 경계가 완전히 무너질 수도 있다는 예측이 나오고 있다. 놀이하는 인간, 즉 호모 루덴스(Homo Ludens) 이론에서 놀이는 정신적인 창조 활동으로서 모든 문화는 놀이를 통해 이루어진 것으로 본다. 일 역시 창조적인 놀이의 결과로 만들어진 인간 문화의 한 형태인 것이다.

① 놀이에 집중하는
② 일을 소홀히 하는
③ 일과 놀이를 동일시하는
④ 일과 놀이의 균형을 추구하는

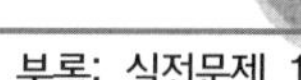

※ [32～34] 다음을 읽고 내용이 같은 것을 고르십시오. (각 2점)

32

뜨거운 여름을 동해안에서 즐겼다면 가을에는 강원도를 대표하는 고원 지역인 평창으로 가 보자. 평창은 사시사철 볼거리와 즐길 거리가 많은 곳이다. 평창의 정취는 역시 가을에 살아난다. 가을바람과 함께 평창으로 가 보자. 메밀국수 한 대접을 비우고 이효석의 「메밀꽃 필 무렵」에 나오는 달밤 길을 걸을 수 있다. 건강도 챙기고 문화도 만끽하게 된다. 평창 봉평에서는 16일까지 '소금을 뿌려놓은 듯한' 메밀밭 풍경을 뽐내는 '효석 문화제'가 열리고 있다.

① 가을에 갈 만한 여행지는 더 많다.
② 평창은 가을에만 관광객이 몰린다.
③ 효석 문화제는 16일까지 진행된다.
④ 봉평은 효석 문화제만 인기가 있다.

33

성인 남녀 1000명을 대상으로 1인 가구에 대한 의식을 조사한 결과, 10명 중 6명은 이를 사회적인 문제로 인식하는 것으로 나타났다. 1인 가구 증가 요인으로는 결혼 가치관의 변화를 꼽는 응답자가 가장 많았고 개인주의 확산, 청년세대의 경제적 어려움, 이혼율 증가 등이 그 뒤를 이었다. 응답자 중 10명 중 9명은 앞으로 1인 가구가 계속 증가할 것으로 내다보았으며 최근 기업들도 식품, 주택, 금융, 소형 가전 등 업종을 가리지 않고 1인 가구를 위한 제품을 선보이고 있다.

① 조사에 응한 대부분의 사람들은 1인 가구를 긍정적으로 생각한다.
② 결혼 가치관의 변화는 1인 가구가 증가하는 가장 큰 요인으로 꼽혔다.
③ 일부 기업에서는 1인 가구의 경제적 어려움을 사회적 문제로 인식하고 있다.
④ 1인 가구의 증가에도 1인 가구를 위한 제품은 다양하지 않은 것으로 나타났다.

34

> 기업의 이익을 우선시하는 일반 기업과 달리 사회적 기업은 사회적 목적을 위해 수익을 창출하는 조직이다. 사회적 목적이란 사회적으로 소외되거나 취약한 계층에게 일자리를 제공하거나 복지 서비스를 제공함으로써 그들의 삶의 질을 높이는 것을 말한다. 세계적으로는 1970년대 시작되었으며 국내에서는 2000년대부터 시행되고 있다. 사회적 기업으로 지정되면 정부로부터 경영 지원, 인건비 및 지원을 받을 수 있고 각종 세제 혜택도 주어진다. 현재 국내에서는 각종 재활용품을 수거해서 판매하는 '아름다운 가게'가 대표적인 사회적 기업으로 활동하고 있다.

① 사회적 기업은 상류층의 삶의 질을 높여 준다.
② 국내의 사회적 기업은 1970년대에 시작되었다.
③ 사회적 기업은 기업의 이윤 추구를 우선시한다.
④ 사회적 기업은 국가로부터 다양한 혜택을 받을 수 있다.

※ [35 ~ 38] 다음 글의 주제로 가장 알맞은 것을 고르십시오. (각 2점)

35

> 현대 사회의 과학 기술은 인간에게 윤택한 삶과 편의를 제공해주고 있다. 과학 기술의 발전은 편의를 도모하여 인권 증진에 도움이 되었으나 인간복제, 전자 감시 기술의 발전 등을 가능하게 만들었다. 이는 과거에는 생각하지 못한 인권 침해라는 사회적 문제를 만들었다. 과학 기술 발전 속도와 그 속도를 따라잡지 못하는 법률의 충돌과 마찰을 없애기 위해서는 관련 법안 제정이 시급히 필요하다.

① 과학 기술의 발전은 유익하면서 동시에 위험할 수도 있다.
② 과학 기술의 발전으로 생각지도 못한 인간복제가 심각한 문제로 대두되고 있다.
③ 과학 기술의 발전으로 생긴 문제를 해결하려면 관련 법안이 빨리 마련되어야 한다.
④ 과학 기술의 발전은 법의 발전 속도를 맞추지 못해 여러 가지 문제를 야기하고 있다.

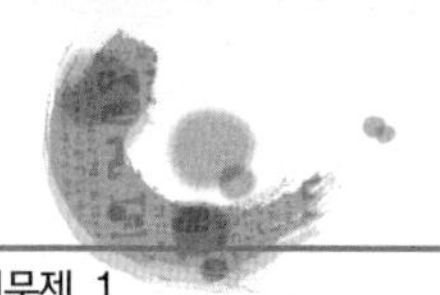

36

사람들은 철학이 언제나 무거운 얘기를 한다고 생각한다. 철학은 역사와 국가, 이데올로기, 구조주의 등 제목만 들어도 읽을 엄두가 나지 않는 주제를 대상으로 작업하는 일이 보통이다. 하지만 철학이 진정한 가치를 드러내려면 사소한 일상에도 얼마나 큰 철학적 의미가 담겨 있는지를 보여줘야 한다. 즉 누구나 알고 있는 일, 누구나 관심 있는 일에 대해 철학이 이야기함으로써 "역시 철학은 달라!"하는 것을 보여줘야 한다.

① 사람들은 철학을 어렵게 생각하는 경향이 있다.
② 사람들은 일상생활에서 철학을 접하기가 쉽지 않다.
③ 철학의 대상을 일상생활로 바꿀 때 그 가치를 느낄 수 있다.
④ 철학의 대상을 한정적으로 다루어야 누구나 철학에 관심을 가진다.

37

일반적으로 높은 소득이 행복을 보장하며 심지어 돈으로 어느 정도의 행복을 살 수 있다고 믿기도 한다. 그럼 도대체 얼마나 벌어야 행복할 수 있을까? 돈과 행복의 관계에 대한 연구에서는 일정 소득 이상이 되면 행복감이 커지지 않는다는 의외의 결과가 나타났다. 즉 돈과 행복은 비례하지 않으며 충분하게 행복감을 제공할만한 소득이란 애초에 존재하지 않는다는 것이다. 돈과 행복의 관계는 매우 주관적인 것으로 소득이 많을수록 행복이 커지는 사람들은 반면 항상 소득이 부족하다고 느낄 수도 있다.

① 돈과 행복의 관계는 소득이 적을수록 늘어난다.
② 돈과 행복의 관계는 사람마다 다르게 나타날 수 있다.
③ 돈과 행복의 관계는 개인에 의해 영향을 받지 않는다.
④ 돈과 행복의 관계는 소득이 일정 수준에 도달한 후에 결정된다.

38

> 집에서 약 한 시간 소요되는 거리를 출퇴근하고 있다면 대중교통 이용 시 자가용보다 두 배 가까운 운동 효과를 볼 수 있다. 대중교통의 경우 버스정류소나 지하철역까지 거리는 걸어서 이동하게 되어 자가용을 이용하는 것보다 더 많은 에너지를 소비하게 한다. 대중교통은 적은 양이라도 걷게 하여 개인의 비만을 예방하고 해소하는 데 도움을 준다. 세계적으로도 대중교통 이용률이 높은 도시가 자가용 이용률이 높은 도시에 비해 시민들의 비만과 고혈압 비율이 낮다.

① 대중교통으로 출퇴근할 때 질병에 걸릴 확률이 줄어든다.
② 자가용으로 출퇴근하면 높은 운동 효과를 기대할 수 있다.
③ 자가용으로 출퇴근하면 에너지 소모가 적어 건강에 도움을 준다.
④ 대중교통으로 출퇴근할 때 주로 걸어서 이동하면서 에너지를 얻는다.

※ [39 ~ 41] 다음 글에서 〈보기〉의 문장이 들어가기에 가장 알맞은 곳을 고르십시오. (각 2점)

39

> 구글, 아마존, 트위터, 페이스북. 정보기술에 대한 지식이나 아무 관심이 없는 사람도 이제는 누구나 알 수 있는 유명한 회사들이다. (㉠) 이들 기업은 어떻게 급격한 성장을 이루었을까. (㉡) 사람들은 인터넷에 접속해 필요한 자료를 검색하고 트위터나 블로그에 자신들의 생각을 올린다. (㉢) 이것들을 모으면 하나의 데이터가 되고 이렇게 축적된 데이터 속에서 필요한 정보를 뽑아 낼 수 있다. (㉣)

보기

> 이것은 바로 다른 사람들이 쓸모없다고 생각했던 데이터를 가치 있는 정보로 활용한 덕분이다.

① ㉠ ② ㉡
③ ㉢ ④ ㉣

40

(㉠) 과학은 우리의 일상생활과 매우 밀접한 관계에 있다. (㉡) 삶은 달걀과 날달걀을 평평한 바닥에 놓고 돌리면 삶은 달걀은 쉽게 잘 돌지만 날달걀은 잘 돌지 않는다. (㉢) 삶은 달걀의 내부는 고체 상태이기 때문에 내부로 회전하는 힘이 쉽게 전달되는 반면, 날달걀은 내부가 액체 상태이기 때문에 외부의 힘이 내부로 전달되는 정도가 약해서 회전력이 떨어지게 된다. (㉣)

보기

예를 들어, 우리는 과학의 원리를 이용하여 삶은 달걀과 날달걀을 깨 보지 않고 구분할 수 있다.

① ㉠ ② ㉡

③ ㉢ ④ ㉣

41

(㉠) 「캐비닛」은 거대한 현실 앞에 작아질 수밖에 없는 개인의 최소한의 저항을 차가운 웃음으로 환기시킴으로써 내가 지금 처한 현실을 한 번쯤 돌아보게 한다. (㉡) 작가는 그 진실을 캐비닛 안에 넣은 다음 탄탄한 문장력과 유창한 이야기 솜씨를 이용하여 적정 온도와 습도를 유지해 이들이 상하지 않도록 한다. (㉢) 부패되지 않은 싱싱한 진짜 이야기가 보고 싶다면 우리는 가만히 이 캐비닛만 열어보면 되는 것이다. (㉣)

보기

'캐비닛'은 이 세상의 진실된 모습을 있는 그대로 담아두는 하나의 통이다.

① ㉠ ② ㉡

③ ㉢ ④ ㉣

※ [42 ~ 43] 다음을 읽고 물음에 답하십시오. (각 2점)

다음날 아침, 나는 차루에게 내 일행과 함께 남쪽 도시로 여행을 떠나려 하니 버스표를 사다 달라고 부탁했다. 이 나라는 버스표나 기차표를 구하기 힘들기 때문에 그런 식으로 예약을 해두는 것이 안전했다. 차루는 아무 걱정하지 말라고 큰소리쳤다. 버스표 살 돈을 주겠다고 해도 그만한 돈쯤은 자기가 갖고 있으니, 표를 사온 다음에 달라고 했다. 나중에 심부름 값까지 쳐서 두둑이 받을 심산인 것 같았다.

(중략)

근처 도시에 있는 '스리 오로빈도' 명상센터에 다녀온 이튿날, 나는 거리에서 차루와 마주쳤다. 차루는 릭샤에서 뛰어내리며 반갑게 아는 체를 했다. 나는 화가 나서 버스표에 대해 따져 물었다. 차루는 놀라는 시늉을 하며 또 허풍을 떨었다.

"아아, 맞아요. 버스표가 있었지요! 그런데 그만 길이 막혀서 늦고 말았지 뭡니까!"

말도 안 되는 변명이었다. 무슨 길이 막혔느냐고 따지자 차루는 얼른 고백했다.

"<u>아아, 맞아요. 사실은 깜빡 잊고 말았어요.</u>"

답답한 일이었다. 이런 친구를 믿고 버스표 예약을 맡긴 내 자신이 한심했다.

42 밑줄 친 부분에 나타난 차루의 감정으로 알맞은 것을 고르십시오.

① 당황스럽다　② 자랑스럽다
③ 만족스럽다　④ 조심스럽다

43 이 글의 내용과 같은 것을 고르십시오.

① 차루의 거짓말 때문에 나는 화가 났다.
② 차루와 나는 명상센터에 다녀온 날 만났다.
③ 차루는 길이 막혀서 내가 부탁한 버스표를 못 샀다.
④ 나는 버스표를 구하기 힘들어 일행에게 기차표를 부탁했다.

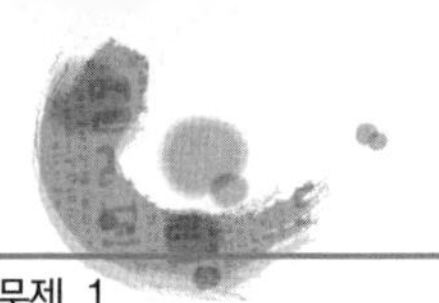

※ [44 ~ 45] 다음을 읽고 물음에 답하십시오. (각 2점)

속담에는 그 나라의 문화적 특성이 잘 나타나 있다. 한국, 일본, 중국의 속담을 살펴보면, 의미는 같은데 각 나라의 문화적 특성에 따라 다르게 표현된 것을 종종 볼 수 있다. 한국 속담에 '꽃은 무궁화, 사람은 선비'라는 속담은 일본에서는 '꽃은 사쿠라, 사람은 사무라이'라는 표현으로 쓰인다. 이는 한국과 일본을 각각 대표하는 꽃과 인물을 단적으로 잘 드러내는 속담이다. 한국과 중국의 속담을 보면, '남의 떡이 더 커 보인다.'라는 한국 속담과 대응되는 중국 속담은 '다른 사람의 만두 그릇이 더 크다.'라는 속담이다. 한국의 음식문화를 대표하는 것 중 하나가 '떡'이라면 (   ). 이렇게 속담에는 각 나라의 문화적 특성이 잘 반영되어 있어 속담을 알면 그 나라의 문화를 더 잘 이해할 수 있다.

44 이 글의 주제로 알맞은 것을 고르십시오.

① 속담은 나라마다 다르다.
② 각 나라의 속담의 의미는 동일하다.
③ 속담을 통해 문화를 이해할 수 있다.
④ 학교에서 속담을 더 많이 가르쳐야 한다.

45 (   )에 들어갈 내용으로 알맞은 것을 고르십시오.

① 중국에서는 '떡'을 별로 먹지 않는다고 할 수 있다
② 한국인들은 '만두'를 별로 좋아하지 않음을 알 수 있다
③ '만두'는 중국 음식을 대표하는 것 중 하나임을 알 수 있다
④ 중국은 음식보다 '그릇'을 더 중요하게 생각한다는 의미이다

※ [46 ~ 47] 다음을 읽고 물음에 답하십시오. (각 2점)

> 한국어에 '한심하다'라는 단어가 있다. 글자를 하나하나 보면 단어의 뜻을 더 쉽고 명확하게 알 수 있다. '한'은 '차갑다', '심'은 '마음'을 가리켜 문자 그대로 풀이하면 '차가운 마음'이다. (㉠) 마음이 차가운 사람은 어떤 일에도 관심이나 흥미가 없고 하고 싶은 일도 없는 사람이다. (㉡) 반면 마음이 뜨거운 사람은 도전하거나 이루고 싶은 목표가 있고 꿈이 있어 마음이 그 꿈을 위해 늘 무언가를 하고 있다. (㉢) 수동적이고 모방적인 사람들과 달리 능동적이고 창조적인 사람들은 항상 움직인다. (㉣) 뜨거운 마음, 즉 '열심'을 가지고 꿈을 향해 달려간다.

46 다음 문장이 들어가기에 가장 알맞은 곳을 고르십시오.

> 보기
> 몸뿐만 아니라 마음도 같이 움직이기 때문에 마음이 항상 뜨겁다.

① ㉠　　② ㉡
③ ㉢　　④ ㉣

47 이 글의 내용과 같은 것을 고르십시오.

① 한심한 사람은 마음이 뜨겁다.
② 꿈이 있는 사람은 항상 움직인다.
③ 마음이 차가운 사람은 창조적이다.
④ 어떤 일을 열심히 하는 사람은 모방을 잘한다.

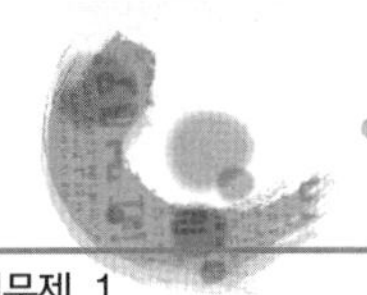

※ [48 ~ 50] 다음을 읽고 물음에 답하십시오. (각 2점)

청년고용할당제란 15세 이상 29세 이하의 청년들을 대기업이나 공기업 인력의 일정 부분을 의무적으로 채용하도록 하는 방안이다. 청년들의 고용은 개인 문제가 아닌 사회의 문제라는 인식에서 시작된 이 제도는 청년 일자리의 양을 늘려 단기적인 취업률은 올릴 수 있을 것으로 예상된다. 그러나 청년고용할당제는 (   ) 우리나라 청년노동시장의 현실을 무시한 제도로 고학력 청년노동력이 풍부한 우리나라의 실업률 감소라는 실질적이고 장기적인 효과를 기대하기 어렵다. 무엇보다 질과 관계없이 양적으로 일자리의 범위를 늘리는 것은 단기적인 처방에 불과하다. 일자리가 만들어지더라도 고학력의 청년 눈높이를 충족시키는 어려워 오히려 중소기업의 인력난만 가중시킬 것으로 판단된다. 청년 실업문제는 중소기업에 취업하는 청년이나 기업에게 세금 혜택을 주는 등의 보다 실효성 있는 대책 마련이 필요하다.

48 필자가 이 글을 쓴 목적을 고르십시오.

① 청년고용할당제의 배경을 소개하기 위해
② 청년고용할당제의 효과를 분석하기 위해
③ 청년고용할당제 도입의 시급함을 알리기 위해
④ 청년고용할당제 문제의 해결 방안을 마련하기 위해

49 (   )에 들어갈 내용으로 알맞은 것을 고르십시오.

① 청년 고용을 늘리기에는 불가피하며
② 청년실업 해소를 위해 보안이 필요하며
③ 청년실업 문제를 해결하기에는 근시안적인 발상이며
④ 청년 실업률을 감소시키기 위해 더욱 확대되어야 하며

50 밑줄 친 부분에 나타난 필자의 태도로 알맞은 것으로 고르십시오.

① 청년고용할당제의 부작용을 염려하고 있다.
② 일자리를 찾지 않는 청년을 비판하고 있다.
③ 정부 실업 정책의 중요성을 역설하고 있다.
④ 양적 증가에 대해 긍정적으로 판단하고 있다.

읽 기

※ [1 ~ 2] (   )에 들어갈 가장 알맞은 것을 고르십시오. (각 2점)

01 사촌 동생이 벌써 (   ) 시간이 빠르군요.

① 나가는 바람에　　② 졸업하는데도 불구하고
③ 내려가자　　④ 대학생이라니

02 프로젝트팀은 오랫동안 연구를 (   ) 드디어 신제품을 내놓았다.

① 거듭한 끝에　　② 거듭하기는커녕
③ 거듭하기가 무섭게　　④ 거듭하더라도

※ [3 ~ 4] 다음 밑줄 친 부분과 의미가 비슷한 것을 고르십시오. (각 2점)

03 고향 생각을 할 때마다 <u>눈물이 나곤 해요</u>.

① 눈물이 흐를 뻔했어요　　② 자주 눈물이 나요
③ 정말 눈물이 날 줄 몰랐어요　　④ 눈물이 나는 듯해요

04 학창 시절 친구를 우연히 만나서 반갑기 <u>짝이 없다</u>.

① 그지 없다　　② 때문이다
③ 전에 없다　　④ 일쑤이다

※ [5 ~ 8] 다음은 무엇에 대한 글인지 고르십시오. (각 2점)

05

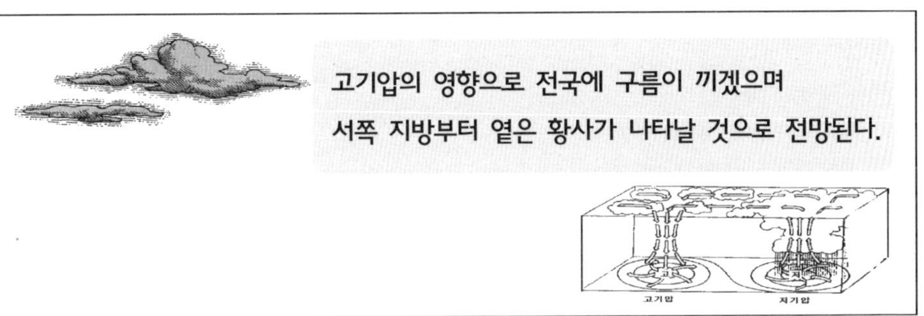

① 계절　　② 날씨
③ 지도　　④ 환경

06

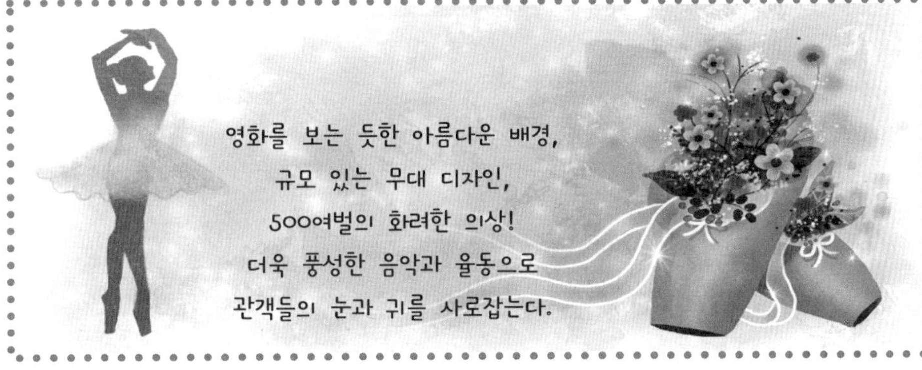

① 영화　　② 연극
③ 음악회　　④ 뮤지컬

07

《 발로 뛰어라! 》

성공은 준비하고 실천하는 사람에게만 온다.
실패를 경험하고 밑바닥에서 정상까지 올라오며 깨달은
성공 노하우가 그대로 담겨 있다.
저자는 자신의 성공은 생각한 것을
바로 실천에 옮긴 결과라고 이야기한다.

① 책 ② 강의
③ 건강 ④ 보험

08

부 문	인 원	응시자격
기술직, 관리직	OO명	• 신입: 4년제 대학 이상 졸업자 • 경력: 동종업계 3년 이상 경력자 • 근무지: 전국 및 해외 • 공통사항: 외국어 능통 및 가능자 우대

① 대학 입학 ② 취업 교육
③ 사원 모집 ④ 외국어 시험

※ [9 ~ 12] 다음 글 또는 도표의 내용과 같은 것을 고르십시오. (각 2점)

09

< 바다 기차 여행 수기 공모전 >

- 참가 대상 : 내·외국인 누구나 참여 가능
- 공모 내용 : 감동과 재미를 공감할 수 있는 바다 기차 여행 체험 및 후기
- 제출 기간 : 6월 16일(월) ~ 6월 27일(금)
- 제출 방법 : 온라인 신청 및 접수(참가 신청서 및 응모 작품 이메일 접수)
- 기타 사항 : 모든 작품은 제출자의 직접 경험에 의한 순수 창작물이어야 함 제출한 자료는 반환하지 않음
- 결과 발표 : 7월 11일(금) 예정
- 문의 : 한국철도 홈페이지 또는 전화 문의

① 참가 신청서는 우편으로 보내야 한다.
② 공모 결과 발표 날짜는 바뀔 수 있다.
③ 제출한 응모 작품을 되돌려 받을 수 있다.
④ 친구의 여행 이야기를 써서 보낼 수 있다.

10 가구 유형별 가구(2010년과 2035년 비교)

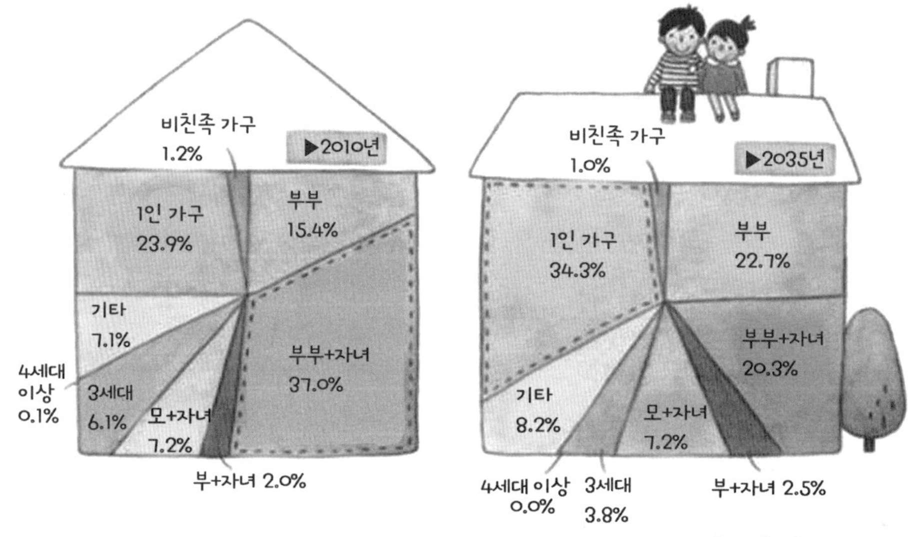

출처: 통계청(2012년)

① 부부끼리만 사는 가구가 늘어날 것이다.
② 1인 가구의 비중은 큰 변화가 없을 것이다.
③ 부모와 자녀가 함께 생활하는 가구가 증가할 것이다.
④ 어머니와 자녀로 이루어진 가정의 수가 늘어날 전망이다.

11

> 많은 여성들이 체중을 줄이기 위해 무리한 다이어트를 하고 있다. 그러나 올바르지 않은 다이어트는 건강을 해친다. 무조건 굶거나 특정 식품만을 먹으며 살을 빼는 것은 부작용을 낳는다. 빈혈을 일으키거나 뼈가 약해지는 것이 대표적인 증상이다. 균형 잡힌 식단을 짜서 음식을 섭취하고 자신에게 맞는 운동을 규칙적으로 하는 것이 건강하고 아름다운 몸을 유지하는 최선의 방법이 될 것이다.

① 체중을 줄이려면 굶는 것이 효과적인 방법이다.
② 무조건 굶는 것이 한 가지 식품만 먹는 것보다 나쁘다.
③ 운동과 균형 잡힌 식사가 체중을 줄이는 데 가장 좋은 방법이다.
④ 다이어트를 하면 반드시 빈혈이나 뼈가 약해지는 증상이 따라온다.

12

나는 큰 도시에서 태어나고 자랐다. 그래서 도시에서 사는 것에 익숙하다. 그런데 요즘은 조용한 시골에서 살고 싶다. 복잡한 도시의 소음과 밤늦게까지 꺼질 줄 모르는 인공조명 때문에 피곤하다고 느낄 때가 많기 때문이다. 시골에 가면 마트나 병원 등 편의시설이 많지 않아 좀 불편할 것이다. 그러나 맑은 공기를 마시며 한가로운 자연 속에서 지낼 수 있다면 도시의 편리함도 별로 아쉽지 않을 것 같다.

① 시골은 편의 시설이 많지 않지만 살고 싶은 곳이다.
② 도시의 편리함 때문에 도시에서 사는 것에 익숙하다.
③ 시골에 가서 살면 병원이나 마트가 그리워질 것이다.
④ 늦은 밤까지 비추는 불빛과 소음만 없으면 도시는 시골보다 좋다.

※ [13 ~ 15] 다음을 순서대로 맞게 나열한 것을 고르십시오. (각 2점)

13

(가) 때문에 흡연 장소나 벌금 등의 문제로 흡연자들의 불만이 커졌다.
(나) 얼마 전부터 서울시는 이전보다 금연 구역을 확대했다.
(다) 그럼에도 불구하고 정부는 금연 정책을 더욱 강화할 계획이다.
(라) 대부분의 공공장소에서는 금연을 해야 한다.

① (라)-(가)-(다)-(나)　　② (나)-(가)-(라)-(다)
③ (나)-(라)-(가)-(다)　　④ (라)-(나)-(가)-(다)

14

(가) 그래서 전쟁이 일어나면 봉화는 더욱 중요한 연락 수단이 되었다.
(나) 이것을 봉화라고 부른다.
(다) 봉화는 사람이 뛰거나 말을 타고 가는 것보다 훨씬 빨리 정보를 전달했다.
(라) 옛날 사람들은 산꼭대기에서 연기와 불빛으로 먼 곳까지 소식을 전했다.

① (다)-(나)-(라)-(가)　　② (라)-(나)-(다)-(가)
③ (다)-(라)-(가)-(나)　　④ (라)-(나)-(가)-(다)

15

(가) 그러면 왠지 행복해 지고 하루가 좋은 일로 가득할 것 같다. (나) 그리고 웃으면서 속으로 '오늘 하루 잘 될 거야'라고 말한다. (다) 아침마다 거울을 보고 웃는 연습을 한다. (라) 행복하고 기뻐서 웃는 것이 아니고 웃으니까 행복한 것이다.

① (다)-(나)-(가)-(라) ② (라)-(다)-(가)-(가)
③ (다)-(라)-(가)-(나) ④ (라)-(가)-(다)-(나)

※ [16 ~ 18] 다음을 읽고 ( )에 들어갈 내용으로 가장 알맞은 것을 고르십시오. (각 2점)

16

온실 가스 효과 때문에 지구의 온도가 점점 상승하고 있다. 그 결과 홍수나 가뭄, 폭설, 폭염, 한파 등과 같은 기후 재해가 지구 곳곳에서 발생하고 있다. ( ) 이산화탄소의 배출을 줄여야 한다. 그래서 세계적으로 탄소를 만들어내지 않는 풍력이나 태양력 등과 같은 대체에너지 사용이 확대되고 있다.

① 기후 재해를 미리 예측하려면 ② 온실 가스 효과를 증대시키려면
③ 지구의 천연 에너지를 지키려면 ④ 계속되는 지구 온난화를 막으려면

17

요즘 전자책 덕분에 특별히 책을 들고 다지니 않아도 손쉽게 독서를 할 수 있다. 얇고 가벼운 컴퓨터를 통해 읽고 싶은 문학 작품, 잡지 등을 언제, 어디서나 볼 수 있다. 이러한 편리한 점에도 불구하고 전자 화면이 지금까지 사람들에게 가져다 준 종이책의 긍정적인 역할을 모두 해 낼 수 ( ). 특히 전자책을 읽는 어린 아이들은 종이책을 읽는 아이들에 비해 이해력이나 상상력이 현저히 떨어진다는 연구들이 최근 나오고 있다.

① 있을 지는 의문이다. ② 있는 경우가 간혹 있다.
③ 있을 지는 아무도 모른다. ④ 있을 지는 큰 상관이 없다.

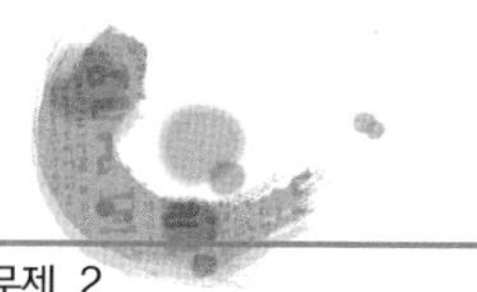

18

> 한지는 닥나무 껍질로 만든 한국 고유의 전통 종이이다. 바람이 잘 통하고 매우 질기고 튼튼하여 천 년 이상의 수명을 자랑한다. 그래서 글자를 기록하는 서류뿐만 아니라 부채나 바구니, 상자 등의 여러 생활 용품을 만드는 데에도 이용되었다. 오늘날에도 많은 사람들이 한지를 다양한 용도로 사용하고 있는데 이는 (   ).

① 한지의 견고한 특성 때문인 것 같다.
② 한지의 전통적인 아름다움 때문인 것 같다.
③ 한지를 사용하면 전통을 느낄 수 있기 때문인 것 같다.
④ 한지가 사람들에게 여전히 인기가 있기 때문인 것 같다.

※ [19 ~ 20] 다음을 읽고 물음에 답하십시오. (각 2점)

> 인류의 조상은 아프리카 사람들이었다. 아프리카 사람들의 피부는 태양의 직사광선을 많이 받았기 때문에 햇빛으로부터 피부를 보호하기 위해 검은색이었다. (   ) 나중에 아프리카에서 지구의 북반구나 또는 남반구로 이동한 사람들은 상대적으로 피부가 하얗게 변화되었다. 아프리카 대륙보다 훨씬 햇빛이 덜 비추기 때문에 검은 피부는 필요하지 않았다. 피부의 색깔은 자외선으로부터 피부를 보호하기 위한 인간 진화의 결과물이다.

19 (   )에 들어갈 알맞은 것을 고르십시오.

① 마침　　② 반면
③ 하필　　④ 사실

20 이 글의 내용과 같은 것을 고르시오.

① 피부 색깔의 차이는 인류의 진화와 상관없다.
② 흑인의 검은 피부는 태양광선과 밀접한 관계가 없다.
③ 직사광선 때문에 피부 색깔이 검거나 하얗게 되었다.
④ 유럽이나 아메리카와 같은 대륙의 사람들은 아프리카에서 이동하지 않았다.

※ [21 ~ 22] 다음을 읽고 물음에 답하십시오. (각 2점)

요즘 로드킬이 늘어 문제가 되고 있다. 고양이, 강아지, 다람쥐, 고라니 등 포유류는 물론이고 개구리나 두꺼비 등 양서류의 시체도 심심찮게 눈에 띈다. 특히, 개구리나 두꺼비는 멸종 위기 종으로 보호 동물에 속하기 때문에 운전자의 주의가 필요하다. 생명 경시로 인한 세태를 비판할 수 있겠다. 더 큰 문제는 사고 후 사고 처리를 하지 않아 사체를 피하려다 겪게 되는 2차 사고 발생이다. 동물과 인간이 (   ) 세상에 대한 인식 전환도 필요하다. 동물은 자살할 마음이 없다. 그냥 자신의 길을 갈 뿐이다.

21 (   )에 들어갈 알맞은 것을 고르십시오.

① 공통적인　　② 경쟁하는
③ 공존하는　　④ 공격하는

22 이 글의 중심 생각을 고르십시오.

① 운전을 하지 말아야 한다.
② 2차 사고는 발생하기 쉽다.
③ 로드킬은 동물의 잘못이 크다.
④ 로드킬 당사자의 사후 처리가 필요하다.

※ [23 ~ 24] 다음을 읽고 물음에 답하십시오. (각 2점)

나는 망설이지 않는다. 무조건 손을 뻗어 만지고 흩어 버리고 집어서 흔든다. 비록 내 손동작은 거칠고 서툴지만 상당히 민첩한 편이다. 개미나 거미가 나타나면 만질 수 있고, 못이나 돌은 얼마나 딱딱한지 알기 위해서 입에 넣어 깨물어 본다. 김칫국이나 미역국에 손을 넣어 휘젓고 젓가락이나 국자로 국물을 풀 수 있다. 비가 오거나 눈이 오면 밖으로 뛰어나간다. 한 번은 폭우를 맞은 적이 있다. 나를 때리는 비는 너무 강해서 나는 놀랐고 울음을 "아-앙" 터뜨렸다. <u>내가 엉거주춤하고 있자</u>, 엄마는 나를 안아서 처마 밑으로 데리고 갔다. 엄마는 손을 내밀어 손바닥에 비를 느끼게 해 주셨다.

> "아가야, 비가 손바닥에 맞고 튀네."
> 비가 손바닥에 닿으니 간지럽다. 엄마와 우산을 쓰고 빗소리를 들으며 걸었다. 시끄럽다.
> 웅덩이마다 비가 고인다. 물이 고인 곳으로 달려가고 싶지만 우산 밖에 서면 아플 거다.

23 밑줄 친 부분에 나타난 나의 심리 상태로 알맞은 것을 고르십시오.

① 나의 잘못을 뉘우치고 있다.
② 병원에 가야 하는데 갈 수 없다.
③ 크게 울면서 다른 사람을 찾고 있다.
④ 어떻게 해야 할지 몰라 머뭇거리고 있다.

24 이 글의 내용과 같은 것을 고르십시오.

① 나는 비 맞는 것을 좋아한다.
② 나는 폭우를 맞고 놀라서 웃었다.
③ 엄마는 나를 안아 비를 피하게 해 주셨다.
④ 엄마는 우산이 없어서 처마 밑에서 기다렸다.

※ [25 ~ 27] 다음은 신문 기사의 제목입니다. 가장 잘 설명한 것을 고르십시오. (각 2점)

25

서울 지하철, 안전점검은 '뒷전' 안전평가는 '만점'

① 서울 지하철은 안전하다.
② 지하철 안전 점검은 뒤 칸에서 한다.
③ 서울 지하철은 안전 점검을 하지 않는다.
④ 서울 지하철의 안전 점검을 믿을 수 없다.

26

저축은행, 손실 크게 줄어…가계대출 연체율은 '숙제'

① 저축은행의 손해는 없다.
② 가계 대출로 은행의 손실이 크다.
③ 가계 대출의 연체 문제는 여전하다.
④ 저축은행에서는 가계 대출을 줄이고 있다.

27

기관사 보고 없으면 관제소는 '까막눈'

① 기관사는 관제소의 하위 기관이다.
② 관제소가 제 역할을 하지 않고 있다.
③ 관제소는 기관사의 보고에 따라 움직인다.
④ 관제소 업무에 있어 기관사의 보고가 중요하다.

※ [28 ~ 31] 다음을 읽고 (　　)에 들어갈 내용으로 가장 알맞은 것을 고르십시오. (각 2점)

28

토끼는 큰 몸집을 갖기를 소망했다. 신령님은, 토끼가 만약 호랑이와 원숭이와 도마뱀과 뱀의 가죽을 구해온다면 그의 몸집을 크게 만들어 주겠다고 약속했다. 토끼는 네 장의 가죽을 구해가지고 신령님이 계신 하늘나라로 갔다.

"이젠 저의 몸집을 크게 만들어 주세요."하고 요구했다.

그러자 신령님은 생각했다. "토끼는 몸집이 작아도 이렇게 모든 짐승을 이길 수 있다. 내가 토끼를 크게 만들어 준다면 그는 (　　　　　　　　　　). 만약 토끼가 큰 몸집을 갖는다면 토끼는 산신령인 나까지도 해칠지 모른다."

토끼는 기다렸다. 산신령은 토끼에게 가만히 다가가서 토끼의 등을 쓰다듬는 척 하다가 갑자기 토끼의 귀를 잡고 빙글빙글 돌려서 땅으로 던져버렸다. 이렇게 해서 토끼는 기다란 귀를 갖게 되었다. 그리고 땅에서 떨어질 때 부딪쳐서 앞발은 짤막하게 되었고 그때의 공포 때문에 눈알은 붉게 충혈되었다.

① 어떤 일도 불가능할 것이다　　② 못하는 일이 많을 것이다
③ 어떤 일도 하지 못할 것이다　　④ 못 할 짓이 없을 것이다

29

오늘 아침, 부산의 최저기온은 14.3도를 기록했고, 울산의 기온도 13도 가까이 올랐다. 지역에 따른 기온차야 그렇다고 치더라도 하루하루가 다른 기온 변화는 정말 견디기 쉽지 않다. 금요일 오후부터 기온이 큰 폭으로 오르기 시작해 주말 내내 (   ) 가능성이 커지고 있다. 토요일 서울의 낮 최고기온은 27도까지 올라갈 것으로 전망된다. 서울 뿐 아니라 대전과 청주 광주 등 서쪽지방 대부분에서 완연한 초여름 날씨를 보일 것으로 예상된다.

① 일교차가 커질   ② 초여름 날씨가 이어질

③ 견디기 어려운 날씨가 될   ④ 지역에 따른 기온차가 커질

30

1998년 프랑스 아비뇽에서 거행되는 축제 때 특별 프로그램으로 "한국 주간"이 있었는데 꽤 좋은 반응을 얻었다. <르 몽드>는 한국 주간을 소개하는 글의 첫마디를 "노래와 춤의 나라, 코레"라고 썼다. <르 몽드>의 말이 아니더라도, 우리들에겐 분명히 타고난 재능이 있다. 그것을 어떻게 살리는가가 중요하다. 판소리는 세계 어디에서도 찾을 수 없는 우리만이 갖고 있는 자랑거리이다. 예술성도 뛰어나다. 그런데 (   ) 것은 실로 안타까운 일이다. 세계의 모든 사람들이 우리의 판소리인 춘향가, 심청가의 이야기를 알도록 노력해야 되는 게 아닐까. 그런 노력이 올바른 세계화의 길일 것이다.

① 한국인들이 세계화에 무관심한

② 한국인들이 자신들의 재능을 모르는

③ 프랑스인들이 한국인의 예술성을 모르는

④ 판소리를 훌륭한 창극으로 발전시키지 못한

31

최근 영국 남웨일즈대학(South Wales University) 연구팀이 학생 60명을 대상으로 조사한 결과, 손이 따뜻해지면 타인에게 훨씬 협조적인 태도를 보이는 것으로 나타났다. 손에 따뜻한 물건을 든 사람들이 더 뚜렷하게 협동심과 좋은 마음씨를 보였으며, 본인의 기존 성향과 상관없이 손이 따뜻해지면 이타심이 훨씬 커졌다. 이 같은 현상은 판매업체들의 행동에서도 엿볼 수 있다. 전문가들은 슈퍼마켓 등지에서 고객들에게 무료로 따뜻한 음료를 건네는데, 이는 손이 따뜻해진 사람들이 더 많은 물건을 사기 때문이라고 설명했다. 이러한 전략은 고객들로 하여금 판매원들에게 더 따뜻하고 긍정적인 마음을 갖게 함으로써 (   ) 효과가 있다.

① 판매고를 올리는　　② 손을 따뜻하게 하는
③ 친절하게 행동하게 하는　　④ 기존 성향대로 행동하게 하는

※ [32 ~ 34] 다음을 읽고 내용이 같은 것을 고르십시오. (각 2점)

32

사람들은 경제적으로 안정된 삶을 유지하기 위해 소비를 줄이고 저축한다. 개인의 저축은 개인을 부유하게 만드는 데 반해서 모든 사람이 저축을 하게 되면 사회 전체의 부를 증대하지 못한다. 한 사람의 소비 억제는 다른 사람의 소득 감소로 이어지고 결국 사회 전체적인 부는 오히려 감소하는 것이다. 개인 저축의 증대가 반드시 사회 전체의 부를 축적하는 것은 아니기 때문에 저축에도 역설이 발생할 수 있다.

① 저축은 사회 경제 활성화를 방해할 수 있다.
② 개인의 안정적인 삶은 사회 전체의 부를 이룬다.
③ 개인이 소비를 줄이면 사회 경제에 기여할 수 있다.
④ 저축 역설 현상은 소비가 늘고 저축이 감소하는 것을 말한다.

33

인간과 동물은 오랜 역사 가운데 함께 생활하여 왔음에도 그들 간의 상호작용은 별로 화제가 되지 않았다. 그런데 최근 자연과 어울려 살았던 과거에는 중요하지 않았던 동물과 인간의 교류가 재조명 받고 있다. 동물은 인간에게 정서적 유대감을 제공하고 이는 사람의 정신적, 육체적 건강에 긍정적인 영향을 줌으로써 이제 동물은 인간의 동료로서, 더 나아가 인간을 치유하는 대상으로서 평가받고 있다.

① 인간과 동물은 꾸준히 상호작용을 해 왔다.
② 자연 속에서의 동물과의 교류가 주목받고 있다.
③ 동물과의 유대감은 건강한 삶을 유지하는 필수조건이다.
④ 인간과 동물의 만남이 지속될수록 유대감의 영향력은 커진다.

34

우리가 사용하고 있는 문자 언어는 오랜 기간을 두고 발전해 왔다. 최초의 문자는 기원전 3,000년경 또는 그보다 약간 앞선 시기부터 사용되었다고 한다. 기원전 5,000년경 종이와 잉크가 사용되었다는 기록이 있다. 고대인들은 음성 언어가 가까운 거리에 한해서 정보가 전달되는 한계를 가진다는 사실을 깨달았다. 그래서 먼 거리에 있는 사람에게 자신의 생각을 전달할 수 있는 방법을 찾기 시작했다. 또 무엇인가 잊지 않고 기록하기 위한 표시를 이용하기 시작했는데 이것이 약속이 되어 문자가 탄생하게 된다. 파피루스 제조를 독점했던 이집트는 이미 문자 체계를 갖추고 있었던 것으로 보인다.

① 최초의 문자 언어는 3,000년 동안 발전하여 만들어졌다.
② 고대인들은 상대방과의 약속을 기록할 때 음성 언어를 사용했다.
③ 문자 언어를 사용하기 전에는 다른 사람과의 의사소통이 어려웠다.
④ 음성 언어가 가진 한계를 극복하기 위해 문자 언어를 만들게 되었다.

※ [35 ~ 38] 다음 글의 주제로 가장 알맞은 것을 고르십시오. (각 2점)

35

판매자들은 더 많은 제품을 팔기 위해 마케팅 기법을 활용한다. 이는 구매자들의 지갑을 쉽게 열게 만들기도 하지만 오히려 반감을 가지게 할 수도 있다. 판매자들은 눈에 띄지 않게 마케팅 기법을 숨기고 구매자의 마음을 움직여 제품 구매로 이어지게 한다. 이러한 마케팅은 많은 구매자들에게 충동구매를 하거나 필요하지 않은 구매까지도 하도록 만들 수 있다. 그렇기 때문에 많은 판매자들이 이러한 마케팅을 자주 이용하고 있으며 이와 관련된 방법을 개발하고 있다.

① 다양한 마케팅 개발에 많은 시간을 투자하고 있다.
② 많은 마케팅 기법을 사용할수록 구매자가 증가한다.
③ 충동구매에 대한 반감을 줄이려고 마케팅을 활용한다.
④ 구매자가 알아채지 못하는 마케팅 기법이 자주 이용된다.

36

최초의 가정용 냉장고는 아이스박스 위에 압축기와 모터가 달린 형태로 미국의 한 가전 업체에 의해 개발되었다. 이후 다른 가전 업체에서도 이전보다 좀 더 보기 좋고 사용하기에 편리한 냉장고를 선보여 인기를 끌었다. 가정용 냉장고의 등장은 주부의 가사 노동에 획기적인 변화를 가져오기 시작했다. 뿐만 아니라 냉장고는 가정을 중심으로 새로운 생활 혁명을 몰고 왔다. 한 사회학자는 미국의 가정에서는 가족 구성원들이 냉장고에서 약 3미터 이내에 모여 대부분의 대화를 나눈다는 사실을 보고하기도 했다.

① 가정용 냉장고는 가족이 자주 대화하게 만든다.
② 가정용 냉장고의 등장은 가족의 생활을 바꾸어 놓았다.
③ 가정용 냉장고는 처음 등장한 이후 꾸준히 개발되고 있다.
④ 가정용 냉장고는 인기가 높아 가족들은 그 근처에 모여 이야기를 했다.

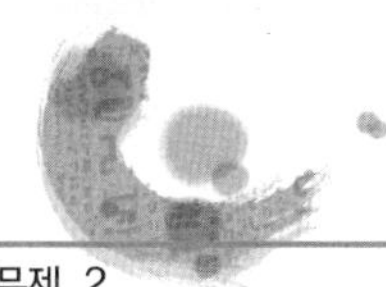

37

> 컴퓨터는 이미 오래 전부터 현대인들에게 없어서는 안 될 생활기기가 되었다. 특히 청소년들에게 더욱 폭넓은 지식과 경험, 감성의 세계로 이끄는 빠르고 유용한 수단으로서 일상생활에서 중요한 역할을 하고 있다. 이를 바라보는 사회의 시각이 긍정적이든 부정적이든 컴퓨터를 통해 이루어지는 온라인 게임은 청소년의 성장 과정에서 막대한 영향을 끼치고 있다. 대부분의 청소년들이 온라인 게임을 매개로 하는 공동체를 통해 서로 감성적 교류를 맺고 인맥을 형성함으로써 스스로의 정체성을 확인하기도 한다.

① 청소년에게 컴퓨터는 온라인 게임을 위한 도구이다.
② 청소년에게 온라인 게임이 미치는 영향력은 매우 크다.
③ 청소년에게 컴퓨터는 지식을 쌓고 교류하는 데 주로 사용된다.
④ 청소년에게 컴퓨터는 자아를 형성하는 데 도움을 주는 생활기기이다.

38

> 전 세계에서 기간제 근로자 비중이 가장 높은 네덜란드의 근로자들은 일로 성공하는 것만 진정한 인생의 성공은 아니라고 생각한다. 네덜란드에서는 가정에서 좋은 자식, 좋은 부모가 되고 직장 외 다른 사회 영역에서의 성공도 소중하다는 생각이 일반적이다. 시간이 지날수록 기간제 근로가 늘어나자 일과 가정의 조화라는 가치가 점점 더 중시되는 사회로 변하고 있다. 나아가 일을 최우선으로 하던 가치관이나 일 중심의 직업의식도 변하고 있어 직업윤리가 바뀌고 있다.

① 네덜란드 근로자들은 사회 변화에 적응하려고 노력하고 있다.
② 네덜란드 근로자들은 근무 시간이 성공을 좌우한다고 판단한다.
③ 네덜란드 근로자들은 성공 가치의 기준을 조화로운 삶에 두고 있다.
④ 네덜란드 근로자들은 직장에서의 성공을 곧 사회의 성공으로 인식한다.

※ [39 ~ 41] 다음 글에서 〈보기〉의 문장이 들어가기에 가장 알맞은 곳을 고르십시오. (각 2점)

39

실제로 우리는 어떤 말을 할 때 "OO하지 않는다"라는 표현을 자주 사용한다. (㉠) 이렇게 부정적인 표현을 쓰는 이유는 자신이 없거나 책임지고 싶지 않다는 마음이 무의식적으로 작용하기 때문이다. (㉡) 부정어를 사용한 표현은 다양한 의미로 해석이 가능해 상대방이 오해하기 십상이다. (㉢) 또한 의미가 명확하게 전달되지 않아 의사소통의 불협화음과 어려움으로 이어질 수 있다. (㉣)

보기

의미를 제대로 전달하고 정확한 의사표현을 하기 위해서는 부정적 표현을 최소화해야 한다.

① ㉠ ② ㉡
③ ㉢ ④ ㉣

40

목수들은 집을 짓기 전에 집주인과 함께 생활하는 시간을 가졌다. (㉠) 예를 들어, 집주인이 집에서 책을 자주 보는 습관이 있다면 서재를 편안 위치에 지어야 한다. (㉡) 또는 집주인이 손님을 자주 맞는 사람이라면 사랑채를 넓게 지어야 한다. (㉢) 그 밖에도 가족들이 키가 큰 사람이 많다면 무과 천장을 높게 설계해야 할 것이다. (㉣) 그렇기 때문에 집은 생활하는 사람에 따라 다르게 지어졌다.

보기

집주인의 생활 패턴과 습관을 관찰하기 위해서다.

① ㉠ ② ㉡
③ ㉢ ④ ㉣

41

정가 판매와 강매 없는 교환과 반품의 보장은 새로운 소비 시대를 열었다. (㉠) 소비에 대한 인식의 변화를 이끈 소비 자본주의는 백화점의 발전과 쇼핑을 탄생시켰다. (㉡) 유럽에서 시작한 백화점이 미국으로 전파되면서 대중화를 이루었고 단순한 구매가 아닌 쇼핑이라는 새로운 여가 활동을 만들었다. (㉢) 백화점이 제공하는 상징적인 이미지가 단순한 구매 활동에서 벗어나 쇼핑이 갖는 문화적 의미를 정당화하는 데 이른 것이다. (㉣)

보기

미국의 백화점은 소비를 과시하는 동시에 소비주의 삶의 맛과 멋을 동시에 보여주는 문화 공간으로 인식되었다.

① ㉠ ② ㉡
③ ㉢ ④ ㉣

※ [42 ~ 43] 다음을 읽고 물음에 답하십시오. (각 2점)

요전에 시내에 나갔다가 집으로 돌아올 때의 일이다. 집을 다 와서 버스가 정류장 못 미처 서서 도무지 움직이지를 않았다. 고장인가 했더니 그게 아닌 모양이었다. 앞에도 여러 대의 버스가 밀려 있었고 버스뿐 아니라 모든 차량이 땅에 붙어 버린 듯이 꼼짝을 못하고 있었다. 나는 그 날 아침부터 괜히 걷잡을 수 없이 우울해 있었다. 그래서 버스가 정거장도 아닌데 서 있다는 사실을 참을 수가 없었다.

<u>"언제까지 이러고 있을 거요?"</u>

(중략)

"아마 마라톤이 끝날 때까지 못 가려나 봐요."

"뭐 마라톤?"

그러니까 저 앞 고대에서 신설동으로 나오는 삼거리쯤에서 교통이 차단된 모양이고 그 삼거리를 마라톤의 선두 주자가 달려오리라. 마라톤의 선두 주자! 생각만 해도 우울하게 죽어 있던 내 온몸의 세포가 진저리를 치면서 생생하게 살아나는 것 같았다. 나는 그 선두 주자를 꼭 보고 싶었다.

42 밑줄 친 부분에 나타난 화자의 심리 상태로 알맞은 것을 고르십시오.

① 놀랍다 ② 우울하다
③ 흥미롭다 ④ 짜증스럽다

43 이 글이 내용과 같은 것을 고르십시오.

① 시내에서 집으로 가는 버스를 탔다.
② 나는 마라톤을 하고 싶다는 충동을 느꼈다.
③ 내가 탄 버스는 고장 나서 움직이지 않았다.
④ 버스 안에는 마라톤 선두 주자를 기다리는 손님이 많았다.

※ [44 ~ 45] 다음을 읽고 물음에 답하십시오. (각 2점)

○○ 기자: 대학생들이 한 달에 책을 67%가 '1~2권도 읽지 않는다고 하는데 교수님은 이 문제를 어떻게 생각하십니까?

○○ 교수: 책을 안 읽는 원인에는 TV나 만화의 영향이 크다고 본다. 보는 것과 읽는 것은 행위 자체가 상당히 다르다. 읽는다는 것은 생각하고 깊은 내용에 침잠해 들어가 함께 공유하게 되는 것이지만 보는 것은 그렇지 않다. 또한 글이란 것은 완전하게 보여주지 않기 때문에 그 의미를 되새기게 된다. 반면 보는 것은 (   ) 재고하는 과정도 거의 없다. 때문에 사람들은 읽기보다 보기를 선호한다. 하지만 대학생들은 자신이 사회에서 가지고 있는 위치의 중요성을 자각하고 남들보다 힘든 것을 구태여 하려는 의지가 필요하다. 대학생들이 미래 자신들의 위치를 잘 생각해보고 이런 고민과 노력을 더 해줬으면 하는 바람이다.

44 이 글의 주제로 알맞은 것을 고르십시오.

① 읽기와 보기는 같은 부분이 많다.
② 재고하는 과정이 있는 학습 태도가 필요하다.
③ 대학생들이 책 읽기에 대해 다시 생각할 필요가 있다.
④ 대학생들이 미래를 위하여 자신의 스펙을 잘 준비할 필요가 있다.

45 (   )에 들어갈 내용으로 알맞은 것을 고르십시오.

① 공유된 내용이기 때문에
② 부분적으로 보여주기 때문에
③ 완전한 것을 보여주기 때문에
④ 공유를 목적으로 하기 때문에

※ [46 ~ 47] 다음을 읽고 물음에 답하십시오. (각 2점)

> 구달연구소는 인간과 동물의 조화로운 삶을 지향한다. (㉠) 이 연구소의 창시자는 제인 구달이다. 그녀는 침팬지 사회를 연구하였다. (㉡) 어려서부터 동물을 사랑한 구달은 동물에게 사회 시스템이 있다고 믿었다. 그것은 본능적인 믿음이었다. 20대가 된 구달은 동물들과 함께 생활하기 위하여 아프리카로 떠난다. 여기에 어머니가 동행하였다. (㉢) 현재 할머니가 된 구달은 일 년의 대부분의 시간을 비행기에서 보낸다. 세계 곳곳에 동물과 환경에 대한 메시지를 전달하기 위하여 구달이 일정이 빡빡하게 짜여져 있기 때문이다. (㉣) 구달은 동물과 인간이 별개가 아니며 서로 공존해야 한다고 말한다. 인간은 동물의 한 종류에 불과하다. 인간은 동물을 지배해서는 안 된다고 말한다.

46 다음 문장이 들어가기에 가장 알맞은 곳을 고르십시오.

> 보기
> 여기서 그녀가 얻은 성취는 그동안 동물행동학자들이 미처 해결하지 못한 과제들을 해명하기에 이른다.

① ㉠
② ㉡
③ ㉢
④ ㉣

47 이 글의 내용과 같은 것을 고르십시오.

① 구달 연구소는 환경 연구소다.
② 동물과 인간은 다른 사회 시스템 속에서 산다.
③ 구달은 어려서부터 아프리카에 자주 다녀왔다.
④ 현재 구달은 비행기를 개조하여 그 안에서 살고 있다.

※ [48 ~ 50] 다음을 읽고 물음에 답하십시오. (각 2점)

양극화란 서로 다른 계층이나 집단이 점점 더 달라지고 멀어지게 되는 것이다. 노동의 양극화, 소득의 양극화로 벌어지는 경제적 양극화에 따라 빈곤과 불평등, 차별이 심해지면서 사회적 양극화가 나타난다. 한국은 경제성장의 성과로 ( ) 비정규직 노동자가 늘어남에 따라 중산층이 줄어들고 경제적 양극화가 심화되는 어려움을 겪고 있다. 사회적 양극화를 해결하기 위해서 부의 재분배가 가능하도록 하는 사회 환원 장치, 약자를 배려하는 경제적인 지원 등이 논의되고 있다. 이처럼 <u>양극화를 해소하려는 끊임없는 노력에도 사회적 양극화는 점점 심화되고 있으며 사회집단 간 갈등은 더욱 부각되고 있다</u>. 이러한 노력에 앞서 근본적으로 사회구조 자체를 개편할 수 있는 제도적인 문제를 해결해야 불필요한 사회적 갈등을 회피할 수 있다. 사회구조 개편 시스템이 시행되어야 사회통합을 통한 양극화 본연의 문제가 개선될 수 있을 것이다.

48 필자가 이 글을 쓴 목적을 고르십시오.

① 양극화의 원인을 규명하기 위해서
② 사회통합 시스템을 소개하기 위해서
③ 양극화를 극복할 수 있는 방향을 제안하기 위해
④ 양극화 심화가 우리 사회에 나타나게 된 배경을 분석하기 위해

49 ( )에 들어갈 내용으로 알맞은 것을 고르십시오.

① 물가가 꾸준히 인상되었지만
② 소득 계층의 붕괴를 초래했지만
③ 경제성장으로 소득 양극화가 심화되었지만
④ 절대적 빈곤에서 탈피하는 데는 성공했지만

50 밑줄 친 부분에 나타난 필자의 태도로 알맞은 것으로 고르십시오.

① 사회적 약자를 동정하고 있다.
② 계층 간의 갈등을 비판하고 있다.
③ 사회 통합 구조에 대해 감탄하고 있다.
④ 제시된 양극화 해결 방안을 비판적으로 보고 있다.

정 답

심 리

1-1 01. ③ 02. ④ 03. ②

1-2 01. ② 02. ② 03. ① 04. ①

1-3 01. ③ 02. ④ 03. ③ 04. ② 05. ①

어휘연습정답

1-1

01. (1) 더불어 (2) 설령
02. ②

1-2

01. ③
02. 필요성-지각하다, 이익-내다, 차이-현격하다

1-3

01. 살림꾼, 심부름꾼, 소리꾼, 낚시꾼, 구경꾼, 일꾼
02. (1) 설득 (2) 해소하
03. 선의

직 업

2-1 01. ② 02. ③ 03. ④ 04. ③

2-2 01. ③ 02. ② 03. ②

2-3 01. ④ 02. ③

2-1

01. (1) 달래 (2) 따지
02. ①

2-2

01. (1) 독보적 (2) 수반하
02. 엎친 데 덮친 격으로

2-3

01. (1) 전망 (2) 연봉
03. 사회복지사-노인, 투자분석가-금융, 언어치료사-발음

교양·상식

3-1 01. ① 02. ④ 03. 시대의 변화와 신문화의 도입으로 구두를 신게 되었다.
04. ② 05. ①

3-2 01. ④ 02. ①

3-3 01. ④ 02. ③ 03. ③

어휘연습정답

3-1

01. (1) 분분하 (2) 확산되 (3) 소장되
02. ②

3-2

01. (1) 원주민 (2) 줄기세포 (3) 엇갈리
02. 실현하다

3-3

01. (1) 절실하 (2) 소외되 (3) 사소하
02. ①

과 학

4-1 01. ② 02. ③

4-2 01. ④ 02. ②

어휘연습정답

4-1

01. (1) 걸작 (2) 드러나
02. 휴관

4-2
01. (1) 번식하 (2) 흉내 내 (3) 통상적
02. ②

인 물

5-1 01. ③ 02. ① 03. ① 04. ④

5-2 01. ③ 02. ① 03. ③

5-3 01. ④ 02. ③ 03. ④

어휘연습정답

5-1
01. (1) 수상하 (2) 열기
02. ①

5-2
01. (1) 도지 (2) 몹쓸 (3) 설왕설래
02. ②

5-3
01. (1) 예견하 (2) 대처하
02. ①

일상생활

6-1 01. ④ 02. ② 03. ③ 04. ④

6-2 01. ④ 02. ③

어휘연습정답

6-1
01. (1) 들키 (2) 다짐하
02. 숨기다-들키다, 빠져 나오다-기어 들어가다, 혼이 나다-칭찬받다

6-2
01. (1) 유의하 (2) 확보하
02. ①

건 강

7-1 01. ① 02. ② 03. ③

7-2 01. ③ 02. ①

7-3 01. 지나친 청결의식 02. ① 03. ④

어휘연습정답

7-1
01. (1) 주전부리(간식) (2) 불량식품 (3) 유별나
02. 손사래–치다, 바리바리–싸다, 불통–튀다

7-2
01. (1)심장 (2) 자체적
02. ①

7-3
01. (1) 유기농/친환경 (2) 범람
02. ①

언 어

8-1 01. ① 02. '켜다'를 떠올린다 03. ②

8-2 01. ③ 02. ④

8-3 01. ① 02. ①

어휘연습정답

8-1
01. (1) 틀리다 (2) 부랴부랴 (3) 기억하
02. 심정

8-2
01. (1) 시시하 (2) 허튼 (3) 겉치레
02. 허튼–수작, 시시한–작품, 절실한–감동

8-3
01. (1) 보태다 (2) 정성 (3) 영혼
02. ③

환경문제

9-1 01. ④ 02. 환경 문제의 심각함을 생각하면서도 경제 논리를 앞세워 편리함을 추구하는 모습 03. ③

9-2 01. ② 02. ①

어휘연습정답

9-1
01. (1) 역작 (2) 추세 (3) 일삼
02. 화제

9-3
01. (1) 추정하 (2) 가공하
02. 원료－수입하다, 결과－추정하다, 문화재－소실되다

경 제

10-1 01. ② 02. ② 03. ③

10-2 01. ① 02. ④ 03. ③

10-3 01. ③ 02. ④ 03. ①

어휘연습정답

10-1
01. (1) 희소성 (2) 한가롭
02. 경찰관이 교통 신호를 위반한 차량에 벌금을 부과하였다.

10-2
01. (1)공방 (2) 케케묵
02. ③

10-3
01. (1) 알뜰하 (2) 따지
02. 싼 게 비지떡

교 육

11-1 01. ④ 02. ①

11-2 01. ① 02. ① 03. ③ 04. ③

어휘연습정답

11–1

01. (1) 소개하 (2) 방문하 (3) 참여하
02. ①

11–2

01. (1) 곤란하 (2) 자생적 (3) 튼실하
02. 절반

취미와 여가

12–1 01. ① 02. ③

12–2 01. ① 02. ① 03. ④

어휘연습정답

12–1

01. (1) 기념 (2) 추억
02. ②

12–2

01. (1) 보건복지부 (2) 헌혈

매 체

13–1 01. ② 02. ④ 03. ② 04. ① 05. ③

13–2 01. ④ 02. ① 03. ③

13–3 01. ④ 02. ③ 03. ②

어휘연습정답

13–1

01. (1) 조작 (2) 구현되 (3) 척척
02. ②

13–2

01. (1) 추구하 (2) 심층적 (3) 선호하
02. 불러일으키다

13–3

01. (1) 전제 (2) 전수되
02. 다양화, 지향하고

사 회

14-1 01. ① 02. ② 03. ④

14-2 01. ① 02. ④

14-3 01. ④ 02. 연말연시에만 복지시설을 찾는 행태 03. ②

어휘연습정답

14-1

01. (1) 급증하 (2) 추진하 (3) 고려하
02. 소득

14-2

01. (1) 타격 (2) 손상되 (3) 우려
02. 후각－비염, 촉각－피부염, 청각－중이염

14-3

01. (1) 언론 (2) 복지시설
02. ②

실전문제 1

01. ①	02. ②	03. ④	04. ①	05. ④	06. ②	07. ①	08. ④	09. ②	10. ③
11. ②	12. ③	13. ①	14. ①	15. ④	16. ③	17. ①	18. ④	19. ①	20. ④
21. ③	22. ④	23. ②	24. ③	25. ③	26. ④	27. ④	28. ②	29. ④	30. ③
31. ④	32. ③	33. ②	34. ④	35. ③	36. ③	37. ②	38. ①	39. ②	40. ②
41. ②	42. ①	43. ①	44. ③	45. ③	46. ④	47. ②	48. ④	49. ③	50. ①

실전문제 2

01. ④	02. ①	03. ②	04. ①	05. ②	06. ④	07. ①	08. ③	09. ②	10. ①
11. ③	12. ①	13. ③	14. ①	15. ①	16. ④	17. ①	18. ①	19. ②	20. ③
21. ③	22. ④	23. ④	24. ③	25. ④	26. ③	27. ④	28. ④	29. ②	30. ①
31. ①	32. ①	33. ①	34. ④	35. ④	36. ②	37. ②	38. ③	39. ④	40. ①
41. ③	42. ④	43. ①	44. ③	45. ③	46. ③	47. ①	48. ③	49. ④	50. ④

어휘 색인

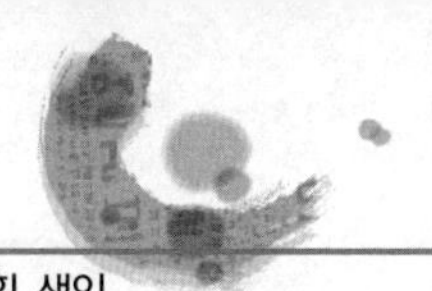

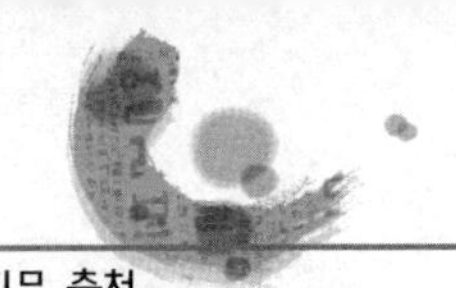

지문 출처

본문

주제	지문	저자	출처 사항	쪽수
심리	1-1	공자 원저, 양성준	『청소년을 위한 논어』, 두리미디어, 2009	75
	1-2	앨런피즈·바바라피즈	이종인 역, 『말을 듣지 않는 남자 지도를 읽지 못하는 여자』, 김영사, 2012	203
	1-3	이윤형	설득의 심리학, 네이버캐스트 생활속의 심리학, 2013.11.4.	
직업	2-2	프릭 버뮬렌	정윤미 역, 『비즈니스의 거짓말』, 프롬북스, 2011	130-131
교양·상식	3-1	박윤미	한복 입고 하이힐 신고, 문화유산채널, 2012.7.18.	
	3-2	이진경	「노예와 줄기세포」	
	3-3	황현산	『밤이 선생이다』, 난다, 2013	175-176
과학	4-2	리차드 도킨스	홍영남 역, 『이기적 유전자』, 을유문화사, 1993	97-98
인물	5-1	채널예스	2013 노벨문학상 캐나다 여성작가 '앨리스먼로'는 누구?, 예스24, 2013.10.11.	
	5-2	박완서	「그리움을 위하여」, 『친절한 복희씨』, 문학과지성사, 2007	10
	5-3	이문규	『고전문학으로 한국인의 사랑읽기』, 새문사, 2009	24
일상생활	1-1	남민경	「양치기소녀」, 월간 『좋은생각』, 2012년 6월호	59
건강	7-1	신순화	『두려움 없이 엄마 되기』, 민들레, 2012	191-192
	7-2	정재승	『과학콘서트』, 어크로스, 2011	156
언어	8-1	이진원	『우리말에 대한 예의』, 서해문집, 2005	49-50
	8-2	이오덕	『무엇을 어떻게 쓸까』, 보리, 1995	79
환경문제	9-2	존 벨라미 포스터	김현구 역, 『환경과 경제의 작은 역사』, 현실문화연구, 2001	47
경제	10-1	팀 하포드	김명철 역, 『경제학 콘서트』, 웅진지식하우스, 2006	74-75
	10-2	앨빈토플러·하이디토플러	김중웅 역, 『부의 미래』, 청림출판, 2006	392
	10-3	김상규	『속담으로 풀어보는 이야기 경제학』, 오늘의 책, 2005	71-73
교육	11-2	조한혜정	한겨레신문, 〈한겨레오피니언〉 컬럼, 2013.1.9.	
매체	13-1	이지영	사물인터넷, 블로터닷넷, 2013.11.7.	

주제	지문	저자	출처 사항	쪽수
	13-3	윤석달	「문화와 대중에 대한 일반이해 그리고 대중문화(1)」, 『항공학보』, 1053호, 2008	
사회	14-2	정재승	『과학콘서트』, 어크로스, 2011	248-256
	14-3	임락경	『시골집이야기』, 홍성사, 2010	22-23

실전문제

구분	문항 번호	저자	출처 사항	쪽수
실전 문제1	10	오현태	개인정보 샜다는데... 별일 없겠지 태평, 세계일보, 2013.9.11.	
	21-22	조윤제	『말공부』, 흐름출판, 2014	284
	28	정원식	같으면서 다른 맛 조리사들의 독점적 경쟁, 한국경제, 2014.3.10.	
	29	조우상	진짜 보약일까? '브로콜리'에 대한 오해와 진실, 서울신문, 2014.5.8.	
	42-43	류시화	「빈자의 행복」, 『하늘 호수로 떠난 여행』, 열림원, 1997	15-16
실전 문제2	28	E. Galeano	『Memory of Fire, trans. C. Belfrage』, Pantheon Books, New York, 1985 (오탁번·이남호, 『서사문학의 이해』, 고려대학교 출판부, 1999, 44쪽)	24-26
	29	공항진	일요일 '강풍' 조심, SBS 취재파일 여름 맛보기, 2014.5.9.	
	30	홍세화	「한국인들은 모두 가수」, 『쎄느강은 좌우를 나누고 한강은 남북을 가른다』, 한겨레출판, 2008	124
	31	송혜민	손 따뜻하면 마음도 따뜻하다, 서울신문, 2014.5.9.	
	42-43	박완서	『꼴찌에게 보내는 갈채』, 세계사, 2002	148
	44-45	홍종선	「말하기는 의사소통, 듣는 상대방을 고려해야」, 『고대신문』 1596호, 2008.10.5.	

술술 풀리는 한국어 읽기 – 중 · 고급

초 판 1쇄 인쇄 —— 2014년 10월 5일
초 판 1쇄 발행 —— 2014년 10월 9일
지은이 —— 하 채 현 · 김 지 우
펴낸이 —— 전 두 표
펴낸곳 —— 도서출판 **두남**
서울시 강동구 성내로6길 34-16 두남빌딩
신 고 : 제25100-1988-9호
TEL : 02) 478-2065, 2066, 2067, 2311
FAX : 02) 478-2068
E-mail : dunam1@unitel.co.kr
http://www.dunam.co.kr

정가 14,000원

ISBN 978-89-6414-559-3 13700